Lago Maggiore

23 Leichte Entdeckungen

Wolfgang Abel

Mitarbeit
Cornelia Stauch

Inhalt

RIVIERA

LAGO MAGGIORE
LAGO MAGGIORE
LAGO MAGGIORE
LAGO MAGGIORE
Lago
Maggiore
LAGO MAGGIORE
LAGO MAGGIORE

Leben am See

Jasminduft und Wellenschlag, Antipasti am Bootsanleger, Flanieren am Lungolago – der Lago Maggiore ist ein Stimmungsverstärker, ideal für ein paar anregende Tage am Wasser. Aber nur am richtigen Ort. Eineinhalb Jahrhunderte Intensivtourismus bleiben nicht ohne Folgen. Die sehen am Lago allerdings reizvoller aus als an mancher verbrauchten Mittelmeerküste. Es gibt mehr Parks als Parkplätze, das dichte Grün der Berge rollt bis runter zum blauen Seespiegel, und manchmal paßt noch ein Campari dazwischen.

Zum Thema Lago, Monti und Tourismus schrieb Hermann Hesse 1927: „Sobald man die Nähe der Hotels und die paar beliebtesten Ausflugsstraßen hinter sich läßt und in das steile, rauhe Bergland eindringt, dann ist man außerhalb Europas und außerhalb der Zeit…“

Außerhalb Europas ist man am Lago zwar nicht, außerhalb der üblichen Zumutungen findet aber jeder seinen Platz. Hier wäre meine Auswahl – 23 leichte Entdeckungen.

 Am runden Tisch – Spätherbst bei Molare

1 ▶ Sonnenbalkon Leventina

Von der Autobahn aus kaum zu glauben: die Leventina, genauer, die linke, östliche Talseite der mittleren Leventina überrascht mit heiteren Balkondörfern und mit kernigen Osterien! Sonnenterrassen, schwebende Dörfer, stille Winkel und das nur wenige Kilometer abseits der Autobahntrasse. Von unten kaum zu ahnen liegen die Bergnester *Lurengo, Campello, Molare, Calonico, Anzonico* und *Sobrio* wie Stationen an einer Sonnenallee. Wenn dann noch Abendlicht milde auf Granitdächer fällt, wäre das auch mal einen längeren Abstecher auf An- oder Abreise zum Lago wert. Selbst für einen faulen Nachmittag fern der Autobahn (oder bei Stau vor dem Gotthardportal) lohnt ein kurzer Abstecher nach oben. Alle Orte bieten Panorama, Sonne, südalpine Vegetation, beste Wandermöglichkeiten, aber nur vereinzelt (einfache) Unterkünfte.

Früher Hochweiden – heute Aussichtsbalkone

Früher lagen auf den flachen Schultern über dem steilen Haupttal die besten Weidegründe. Die Zufahrtswege sind schmal und kurvenreich, aber auch im Winter offen. Die Talblicke schon bei der Bergfahrt imposant. Und von hoch oben wirkt dann selbst die Autobahn wieder fast idyllisch. (Das weit sichtbare signalfarben rote Dach im Tal gehört zum Neubau der Raststätte *Gottardo Sud*, sie wurde vom Tessiner Architekten Mario Botta gestaltet.)

Gründe genug also, von der Autobahn in Höhe *Faido* oder *Lavorgo* abfahren, um höhere Formen eines Durchgangstals kennenzulernen: Die 50 Kilometer lange Sonnenseite der Leventina reicht über die gesamte Ostflanke des Tals, die Gunst der Landschaft wird einem eigentlich erst von oben recht klar. Deshalb bleibt es oben auch erstaunlich ruhig, lediglich die klassische und überaus lohnende Wan-

45 Kilometer Sonnenallee – Beginn der Strada Alta bei Altanca

derroute in dieser Region, die *Strada Alta Leventina* sorgt für touristischen Almauftrieb, sie wird von Anwohnern auch „Strada Asphaltina" genannt. Aber selbst hier bleibt immer die Möglichkeit, auf höhergelegene und weniger begangene Routen (z.B. die *Strada Steiner*) auszuweichen. An Routen herrscht kein Mangel, die kleinen Dörfer sind von einem Netz von Wanderwegen umgeben – vorbildlich unterhalten und markiert, so daß spezielle Routenhinweise überflüssig sind – hochfahren, losziehen.

Transitregion Leventina: Das differenzierte Wegnetz des Leventinatals stammt aus einer Zeit lange vor „just in time". Früher wurde der Warenverkehr aus der mittleren Leventina per Esel über den Gotthard- und Lukmanierpaß abgewickelt, der letztere war jahrhundertelang der wichtigste Gebirgspaß zwischen der Lombardei und Schwaben. Die Säumerei ist auch eine Erklärung für die Existenz der vielen Bergnester und das heute noch bestehende dichte Wegnetz.

Balkondörfer über der Leventina – Altanca

Strada Alta della Leventina

Der 45 km lange Höhenweg zwischen Airolo und Biasca führt auf der Ostflanke der Leventina, meist auf halber Höhe zwischen 1 000 und 1 400 m. Die Strada Alta gehört zu den klassischen Tessiner Wanderrouten, Streckenführung und Landschaftseindruck sind großartig, aber nicht hochalpin. Aber: in der Saison von August bis Oktober eine stark bewanderte Route. Was sonst noch stört: auf langen Passagen wurde der Höhenweg asphaltiert; vor allem zu Beginn bis Ortsausgang Ronco folgt die Strada Alta der geteerten Straße, erst danach geht's abwechslungsreicher auf Saumwegen durch lichte Wälder, Almen und Weiler.

Das Filetstück: Wer nicht die ganze Strada Alta wandern möchte, hat am Abschnitt *Sobrio-Biasca* bestimmt Freude. Besonders reizvolle Strecke, es geht nur bergab, mit grandiosem Blick!

Ausfahrt Airolo oder Quinto/Faido: Von *Altanca* (1 236 m) über *Deggio* (1 194 m), *Osco* (1 157 m), *Calpiogna, Rossura, Tengia, Anzonico* (984 m), *Sobrio* (1 128 m), *Pollegio* (300 m) hinunter nach *Biasca.*

Alte Saumwege, warme Hauswände – Molare

Sentiero dei Monti/Strada Steiner

Alpiner als die Strada Alta: der höher laufende, weniger begangene *Sentiero dei Monti*, auch *Strada Steiner* genannt. Namensgeber Rodolfo Steiner gehörte zu Gegnern einer einst geplanten Gotthardautobahn durch die Piottinaschlucht. Bei seinem Tode 1973 hinterließ er 100 000 Franken für die Verschönerung der mittleren Leventina, außerdem Wegskizzen eines künftigen Höhenwegs zwischen 1 300 und 1 800 m ü.M.

Ausgangspunkt der Strada Steiner ist *Lurengo* (1 225 m) – Autobahnausfahrt Quinto/Faido. Nach vier Stunden ist über *Carì* (1 650 m) *Molare* (1 405 m) erreicht. Hier beginnt die zweite Etappe über *Monte Agnone* (1 570 m), *Usc* (1 474 m) bis hinunter nach *Sobrio* (1 145 m) und *Biasca*. Genaue Wegbeschreibung u.a.: www.wandersite.ch, www.leventinaturismo.ch.

Molare (1 495 m) ist von allem etwas: Außenposten, Ruhebank, Sonnenbalkon, Ausgangspunkt. Auch Etappe zum zweiten Abschnitt der Strada Steiner. Das schönste Fotomotiv liefert eine Reihe leventinatypischer, von der Sonne dun-

Der Reiz des Einfachen – Grotto Pro Bell, Calonico

kelbraun gebrannter Holzhäuser, Gotthardhäuser genannt. Emblematisch verwirklicht erscheint hier die Blockhausbauweise auf Steinsockel, dazu mit rauhen Granitplatten gedeckte Dächer. Gradwüchsige Tannen und Lärchen waren das Baumaterial, das Verbreitungsgebiet des Gotthard-Haustyps entspricht auch annähernd der Vegetationszone des wichtigsten Baustoffes. In einem der gut zweihundert Jahre alten Gotthardhäuser gegenüber der Kirche wird seit 2005 auch gewirtet. *Locanda Chià d'Au* mit ♠ Sonnenterrasse vor dem Haus. Saisonale Öffnungszeiten: Tel. 0041-(0)91 866 13 06.

Auch Calonico, Anzonico und Sobrio haben ein Gasthaus, zu erreichen sind die Dörfer ebenfalls ab Ausfahrt Faido oder Biasca. Am Ortsrand von **Lavorgo**, hinter dem Albergo Elvezia, beginnt die reizvolle Auffahrt: Bereits bei der ersten Gabelung der Kantonsstraße, auf 904 m, geht es links ab zum *Grotto Pro Bell* bei Calonico (968 m). Einen Kilometer vor dem Ort unterhalb der Straße wartet das Bilderbuchgrotto

Stilleben in Anzonico – Terrasse und Bellavista

im alten Kastanienhain, der Platz für einen Piatto misto an einem der verstreuten Granittische im Kastanienschatten.

Grotto Pro Bell, CH-5746 Calonico, Tel. 0041-91-865 16 49 150.
♠ Plätze im Freien, Mai bis Oktober, RT: Di. drei einfache Zimmer.

An der ersten Gabelung der Kantonsstraße geht es geradeaus weiter in Richtung Sobrio, zunächst kommt aber das 100 Seelen Dorf Anzonico:

BELLAVISTA – Anzonico. In Ortsmitte, auf 1.000 Metern das Hotel-Ristorante *Bellavista*, ein älteres, bislang nur zurückhaltend renoviertes Hotel mit einfach-guter Osteria. Man sitzt auf der dank Glasverhau geschützten Einfach-Terrasse, genießt einen traumhaften Talblick und die splendid Isolation des Ortes. Serviert wird Überdurchschnittliches: ein feines Tessiner Plättle mit selbstgemachten Salametti di capra (Ziegensalami), verschiedenen Käslein, dazu gutes Brot; Maialino al forno (Schweinebraten aus dem Ofen, oder auch mal ein Zicklein), Lamm und Roastbeef.

Übernachten eher in dringenden Fällen – Bellavista heißt

Sobrio – Rio de Janeiro und zurück

Nostalgie total, die neun Zimmer wurden zwar renoviert, doch Etagen-Dusche und Stockwerks-WC liegen in einem Raum. Die Zimmer sind basic aber in Ordnung, was fehlt ist Herbergs-Geborgenheit. Vielleicht erfährt das Haus beim nächsfolgenden Renovierungsschub eine verdiente Aufwertung, allein schon wegen Lage und Küche eine Etappe wert. Terrasse mit Bellavista!

Hotel/Rist. Bellavista (Luciano und Rosa Maddalon), CH-6748 Anzonico, Tel./Fax 0041-91-865 11 10. Neun Gästezimmer mit Etagenbad und Toilette auf dem Gang. Terrasse. RT: Di (je nach Saison). Januar geschlossen (mögl. anrufen wg. Öffnungszeiten). Preise: günstig.

Sobrio – der nach Süden hin letzte Ort auf der Sonnenterrasse Leventina besteht fast ausschließlich aus typischen Holzblockhäusern, viele dieser traditionellen Gotthardhäuser zum Verkauf. Auch hier wie andernorts: Aus-der-Welt-Lage, Traumblicke, alpine Stimmung von der besten Art. Der schlanke Kirchturm ist einer der markantesten an der Strada Alta. Der Albergo *Pineta*, am schönsten Fleck gelegen, mit Aussichtsterrasse, wie in Anzonico.

Donato Mattioli in seiner Salumeria in Lavorgo

Freundliche Einkehr und einfache Übernachtungsmöglichkeit gibt es zudem in der Osteria *Ambrogini (*oberhalb *Pineta*) an der Straße. Die Terrasse ohne großen Blick, dafür in freundlicher Hand.

Osteria Ambrogini, CH-6749 Sobrio, Tel. 0041-(0)91-864 13 18.
zehn einfache Zimmer mit Etagenbad, Preise: günstig.
Rund ums Jahr geöffnet.

Haltestellen direkt an der Gotthardroute

Macelleria-Salumeria MATTIOLI – Lavorgo. Lavorgo (615 m) war einst Zentrum der Granitgewinnung und bis zum Autobahnbau ein wichtiges Straßendorf der Leventina, zudem Bahnstation (heute stillgelegt). Durchreisende finden kaum mehr her, dennoch lohnt ein Halt im Salamitempel des freundlichen *Donato Mattioli* eine Häuserzeile oberhalb der Durchgangsstraße, auf Höhe des Bahnhofes von Lavorgo. Ein Wallfahrtsort für Freunde des Luftgetrockneten: diverse Salami in bester Qualität wie die Hausmarke Nostrano,

Bescheiden und solide – Grotto Rodai, Giornico

sowie die kleinen Salametti (Hirsch, Wildschwein, Gemse – alle zu zivilem Preis). Außerdem, und als Hausspezialität empfohlen, Carne secco vom Pferde: luftgetrocknete Lendenstücke, die wie Bündnerfleisch dünn aufgeschnitten und angerichtet werden; tief dunkelrot, herrlich frisch und mit einem zarten Hauch von Säure im Geschmack, völlig fettfrei. Die Salume sind in unterschiedlicher Konsistenz zu haben, frische (weiche) können zuhause noch bis zur Schnittfeste gelagert werden.

Macelleria Equina/Salumeria Donato Mattioli, CH-6746 Lavorgo Tel. 0041-(0)91-865 11 44, Fax 865 18 44. Ladenzeiten: Di bis Fr 8-12 und 14-18 Uhr; Sa 8-12 und 14-17 Uhr; Mo geschlossen.

Ristorante Alla Stazione, CH-6746 Lavorgo, via Cantonale. Tel. 0041-(0)91-865 14 08; RT: So-Abend, Mo. Gegenüber dem Bahnhof von Lavorgo liegt das oft gelobte Ristorante der Familie Crosetti. Serviert wird gehobene italienische Küche, darunter die hausgemachte Pasta.

Grotto Rodai, CH-6745 Giornico, Tel. 0041-(0)91-864 21 48. Ende Okt. bis Ostern geschl., RT: Mi. Ein bescheidener, aber grundsolider Grotto an der alten Gotthardstraße, am südlichen Ortsausgang Giornico (vor der Eisenbahnbrücke links abbiegen).

Strategisch im Tal gelegen, gut befestigt – Bellinzona

Bellinzona

Die Kantonshauptstadt des Tessin liegt am Ausgang jener Täler, die zu den großen Alpenübergängen *Gotthard, Lukmanier* und *Bernardino* führen. Bereits im Römischen Reich liefen hier die Handelswege zusammen, das Gelände eignete sich für eine Talsperre und so entstand auch das beeindrukkende Festungswerk mit den drei Burgen. Zu den Zielen mit den wohlklingenden Namen ist es ab Bellinzona nicht mehr weit: Lago Maggiore und Maggiatal sind nur noch Autominuten entfernt. Da kann auch die eindrucksvolle Stadtsilhouette, überragt von *Castello Grande, Montebello, Sasso Corbara* die Fahrt nicht aufhalten. So bleibt es heute meist beim Halt an der Zapfsäule.

Für Reisende mit Zeit empfiehlt sich durchaus ein Abstecher. Bellinzona bietet – gegenüber größeren Städten wie Locarno und Lugano – deutlich weniger automobilen Tumult und zumindest die Chance, in Würde einen Parkplatz zu finden. Außerdem eine kulinarisch-soziale Attraktion:

Salametti immer samstags – auf dem Wochenmarkt in Bellinzona

Mercato del Sabato – Der weitbekannte Samstagsmarkt erfüllt hier tatsächlich noch Versorgungsfunktion, er ist jedenfalls nicht zur Touristengaudi verkommen. Marktort auf der Piazza Nosetto und längs den Arkadengassen der Altstadt. Das üppige Angebot von der Alpensüdseite ist beeindruckend:

Käse – darunter auch Formaggini, kleine runde Ziegenkäslein, häufig in Olivenöl eingelegt mit Steinpilz/Trüffel/Peperonchino/Kräuter, oder fester und gut gereift. Kuhkäse aus den Südalpentälern sowie der bekannteste Tessiner Alpkäse von der Alpe de Piora, dem Hochtal oberhalb Airolo. Unübersehbar ist der Käsestand der Azienda Agricola *Bortolotti-Gianotti* aus Biasca mit einem immens großen und ausgezeichneten Bio-Angebot.

Wurst & Salami – *Salametti nostrani Leventina* (bei Salame nostrano wird das rohe Fleisch nur mit Gewürzen und Pökelsalz konserviert, im Gegensatz zu salame cotto, zur Salami aus gekochtem Fleisch). Es gibt fino Mendrisiotto – von Wildschwein, Esel, Hirsch und Pferd, auch *Carne secca*

Der kurze Weg zum Panorama – hoch zu den drei Burgen

di cavallo, getrocknetes Pferdefleisch und die Tessiner Spezialität *Mortadella*. Richtig gelesen, Mortadella ist typisch Tessin, sieht aber anders aus als in Mailand.

Dazu Stände mit hausgemachter Pasta, gutes Obst und Gemüse, im zeitigen Frühjahr z.B. die ersten Artischocken und den ganzen Herbst über ein Pilzangebot, das Gelegenheitssammler neidisch macht. Außerdem: Schmuck, Kleidung, Eisenwaren.

Marktzeiten & Essen & Parken: Samstagvormittag ab 7.30 Uhr. Marktende ist 13 Uhr, dann wird fix abgeräumt! Parkhäuser in Marktnähe: Cervia und Piazza del Sole.

■ **Alljährlich** findet im Juni die «Rassegna dei Salumieri Bellinzonesi», ein Salami-, Wurstwarenmarkt» statt. An einem Wochenende Ende September der «Tessiner Käsemarkt» mit gut 30 Produzenten aus dem ganzen Tessin (www.bellinzona.ch, www.fromarte.ch).

■ **Formaggeria Resinelli**, Viale Stazione 23. Alimentari mit dem größten Angebot an Tessiner Alpkäse (Formaggio d'Alpe Ticinese), der begehrten Rarität mit seiner typischen gräulichen Rinde. Mo bis Fr 7.30-18.30, Sa bis 17 Uhr.

Täglich frische Pasta – Osteria Malakoff, Bellinzona

Osteria MALAKOFF – Bellinzona. Die kleine, liebenswerte Osteria mit weißgedeckten Tischen ist eine Institution, wenn es um hausgemachte Pasta und solide Trattoriaküche geht. Antonio und Tochter Laura bedienen und Rita steht in der winzigen Küche, wo täglich die frische Pasta entsteht. Malakoff war kein Russe, der als Grottowirt in Bellinzona strandete – die Dinge verhalten sich komplizierter und haben mit Krimkrieg und Käseschnitten zu tun. Die werden im «Malakoff» aber nicht angeboten, dafür stehen knapp 30 Pastagerichte und weitere Spezialitäten auf der Karte, etwa Grillgerichte und Bollito misto. Auch vergleichsweise preiswerte Mittagsgerichte (auch halbe Portionen möglich)und ein auffallend großes Angebot an offenen Weinen.

Osteria Malakoff (Rita und Antonio Fuso aus Sardinien/Apulien), CH-6500 Ravecchia-Bellinzona, via Bacilieri, 10 (unterhalb des Spitals San Giovanni). ♠ Terrasse über der Straße. RT: Sonn- und Feiertage, Ferien im August und im Januar. Tel. 0041-(0)91-825 49 40. Preise: mittel.

2 ▶ Leicht daneben im Maggiatal

Im Valle Maggia kann man baden, biken und hiken wie im Freizeitpark, zum Sommerbetrieb gehört auch eine penible Parkraumüberwachung nach Nordschweizer Standard und manch ein Grotto an der Durchgangsstraße erscheint einem eher wie die Karikatur einer aufrichtig, rustikalen Einkehr. Ein Teller mit Reis- oder Maisbrei mundet nun mal nicht

Granit soweit das Auge reicht – im Maggiatal bei Cevio

besser, wenn er mit hohem Ton als Risotto- oder Polentaspezialität angekündigt wird – für 20 Stutz. Mit ein paar eingeweichten Trockenpilzen werden gerne 35 Franken aufgerufen. Sitzen wie ein Bettler, zahlen wie ein König, könnte ein Motto der Tessiner Granitgastronomie sein.

Es kann aber auch ganz anders kommen: Bei Avegno haben sich ein paar Exilitaliener an einem Steilhang über der Maggia festgesetzt. Ihr kurioses Sommerkiosk heißt *La Ca-*

Alles auf Granit – Wellnessbereich an der Maggia

panna dello Zio Sam. Der Chef der schrägen Hütte wird von seinen Genossen nur Ché gerufen, seine Groupies sind jung, im Geäst hängt ein CD-Player, aus dem schallt in undogmatischem Wechsel altitalienisch-linke Marschmusik und Paolo Conte. Trotz Dosenbiercharme, der Platz verspricht ungleich mehr Vitalität und Herzlichkeit als die sterile Inszenierung von Rustikalität in manchem Hochleistungsgrotto.

Im Maggiatal ist es eben wie oft in den Bergen, Landschafts-, Wetter- und Stimmungswechsel warten hinter jeden Kehre. Kolonnenradeln im Talgrund, Campingplatzstimmung an der Maggia und nur ein paar Kurven weiter lockt Bergeinsamkeit: Selten hat mir der Rohschinken und ein frisches Calanda besser geschmeckt als auf der Holzterrasse vom Ristorante Porta in Aus-der-Welt-Dorf Campo. Vor der Offenbarung weit hinten im Tal liegen allerdings einige harte Spitzkehren. Auch weiter unten an der Maggia könnte man an Gordevio einfach vorbeifahren, was schade wäre, denn die Casa Ambica dort ist ein gut gehütetes Nest.

Emotionales Reduit – Rückzugsgebiet Rustico

Ganz in diesem Sinne sind die folgenden Anhaltspunkte gewählt. Leicht daneben im Maggiatal ist eine Anleitung zum Abbiegen und Ausscheren, wo immer es geht.

Rustici ohne Netzabdeckung – wenn die Landwirtschaft nichts mehr bringt, kommt die Freizeit übers Land. Also gibt es auch im Maggiatal den üblichen Funktionswandel. Entvölkerte Bergdörfer werden zu Wochenendsiedlungen. Die liebevoll renovierte Bruchsteinruine verwandelte sich vom Armenhaus in ein emotionales Reduit, mit SMS-freier Gemütlichkeit, Kräutergärtle vor dem Haus, Solarpaneel auf dem Dach. Der 7. Tag gehört dem Rustico.

Alte Viehhütten, früher Sinnbild eines entsagungsreichen Berglebens, sind zum Luxussymbol mutiert. Von den fast 50.000 Rustici im Tessin, wurden Tausende – mehr oder minder legal – vom Kapital geküßt. Der schwerer erreichbare Rest verfällt; es sei denn, man verfügt über die Mittel für ein Helitaxi.

Leiser Luxus – Badplatz bei Avegno

Geheimtip verzweifelt gesucht. Ein Liegeplatz am sonnengewärmten Granit, umspült vom grünblauen, kühlen Wasser der Maggia, darüber schroffe Hänge und luftige Wege. Am Ende eines guten Tages Einkehren unter der Weinlaubpergola, dampfende Pasta, sämiger Risotto, Merlot für alle. Alles möglich, durchaus. Aber die Nebenwirkungen eines Sommerwochenendes drohen eben auch: schon in der Früh beginnt der farbenfrohe Auftrieb: Walker, Hiker und Gleiter, ambulante und stationäre Picknicker gehen zur Schicht. Ein Corso der Freizeitarbeiter.

Baden in der Maggia. Ein Flußbad in der Maggia (oder im Verzsacatal, oder im Centovalli) gehört zu den Dingen, die einem gewöhnlichen Tag zum Fest des Lebens machen können. Selbst in den Hitzewochen des Hochsommer erfrischt das Bergwasser in ungeahntem Ausmaß. Die Floskel vom *kühlen Naß* wird hier hautnah erlebbar, aber nicht nur. Es gibt Sand-, Kies- und Felsplätze, belebte und einsame Buchten, mal zimmer-, mal schwimmbeckengroße Pools. Es gibt alle Stimmungen zwischen Rummelplatz und Privatclub. Wer hier keinen Platz findet, hat das Tessin nicht erlebt.

Monument und Klage in einem – Ensemble im Valle di Campo

Badplätze an der Maggia

Avegno (bei der markanten, 14 m hohen Granitstele): Parkplätze, unterhalb ein großer Sandstrand und ein Felspool, auf dem Weg dorthin das Kiosk *Zio Sam*, vgl. S. 42.

Aurigeno: Badestelle bei der Brücke, darüber Kiosk-Restaurant
Maggia: Strand mit Kiosk, Liegestuhlverleih
Lodano: Strand unter der Brücke
Giumaglio, Someo: schöne Strände, etwas abseits des Rummels
Wasserfälle: Maggia, Giumaglio, Bignasco

Wasser, Stein und Ewigkeit – noch im heißen Hochsommer, wenn die Maggia zum Badeufer und das Tal zum kollektiven Freizeitpark wird, zeugt das in weiten Schleifen erodierte Flußbett mit den rundgeschliffenen Granitblöcken vom enormen Potential der Tessiner Wolkenbrüche. Wasser und nackter Stein sind bis heute bildbestimmend im Tal – die mächtigen, lotrechten Granitwände, die Steinbrüche bei Riveo, mit Granitplatten gedeckten Natursteinhäuser.

Von den Tessiner Tälern ist das Valmaggia das größte, das am weitesten verzweigte und jenes, das weit in den zen-

Knochenarbeit – im Steinbruch der Campagna Graniti in Riveo

tralen Alpenkern hineinführt und entsprechend viel Wasser sammelt. Mit 570 Quadratkilometern Fläche macht das Valmaggia ein Fünftel der Tessiner Kantonsfläche aus.

Ob seit Jahrtausenden bergfest oder als Dachplatte verlegt, Granit ist bis heute ein dominierendes Motiv im Tal. Es bleibt beeindruckend, wie durch den konsequenten Einsatz eines einzigen Baumaterials Werke entstehen, deren Form und Funktion auch noch nach Jahrhunderten überzeugt. Die alten und neuen Granitbauten im Tal sind somit Monument und Klage in einem, allen Materialmixern, stilistischen Geisterfahrern und Fassadenanklebern zur Besinnung empfohlen; gutes Bauen hat auch was mit Zurückhaltung und Demut zu tun. Mitunter reicht auch schon der Gang durch eine der sorgfältig erhaltenen Dorfgassen im Tal, etwa in Gordevio, um zu gewärtigen, welche Verirrungen in einer durchschnittlichen mitteleuropäischen Fußgängerzone zum Standard gehören. Staunen und Schämen liegen dann dicht beieinander.

Bern

In Avegno

Das untere Maggiatal, das *Bassa Valle* beginnt an der stets verkehrsreichen Engstelle *Ponte Brolla,* es verläuft zunächst vorwiegend flach und teilt sich nach gut 25 Kilometern bei *Cevio* in steil ansteigende Seitenzweige auf. Die Siedlungen im unteren Tal liegen wegen der Hochwassergefahr nicht direkt am Fluß, sondern erhöht an den Talflanken, somit auch abseits der Durchgangsstraße. Diese führt bestens ausgebaut und flußnah bis zur Verzweigung bei Bignasco (ebenso ein parallel verlaufender Radweg). Die vorderen Taldörfer wirken bis auf die besonders reizvoll gelegenen Dörfer *Gordevio* und *Lodano* nicht gleich auf den ersten Blick behaglich, obwohl Einzelobjekte mit enormem Aufwand und Stilwillen renoviert wurden und werden. Aber wie erwähnt, wer mit offenen Augen durch die Gassen der Maggiadörfer strolcht, bekommt en gros und en detail genug Anschauung für Größe und Limitierung der historischen und aktuellen Bauvorhaben. Und jede dieser Gassen hat ihren Tagesgang.

Wer betrachten kann, betrachte bitte, wie ein Handwer-

 Bruchsteincharme in Lodano

Schmuckkästchen im Tal – Lodano

ker in der stillen Mittagshitze am Dorfbrunnen von *Avegno* seine Flasche mit quellkaltem Trinkwasser auffüllt. Man betrachte wie das runde Kieselpflaster ohne Dehnfugen und Materialbrüche an die Granitkante der Hauswände anschließt. Man erlebe, wie einfach und stimmig ein Brunnenplatz gestaltet werden kann und vergleiche so einen Lebensplatz mit einer Fußgängerzonen der Moderne und jenen Installationen, die unsere Innenstädte vermüllen. Bauausschüsse, Expertenrunden, Agendagruppen – und in welcher deutschen Gemeinde füllt ein Handwerker seine Trinkflasche am Dorfbrunnen?

Komprimierung in Gasse und Tal: Gelobt sei aber nicht nur ein zweiter Blick auf Dörfer und Gassen, auch die stilleren Seitentäler, die abseits der Maggia-Hauptroute liegen, sind optische und soziale Wundertüten. Die Enge der Dorfgassen bewirkt wie die Enge der Seitentäler einen Komprimierungseffekt, der die Wahrnehmung verstärkt. Lohnend wäre ab Cevio ein Abstecher ins sacksteile, südalpine Refugium

Alles wie gehabt – Wiederaufbau im Maggiatal

Valle di Campo und eine einfache Einkehr ebendort, vgl. S. 52). Die Maggia-Seitentäler haben die Form typischer Hängetäler, die mit steilen Abstürzen in das Haupttal münden. Erst ab Cevio gewinnt man Höhe und alpinen Eindruck.

Erfrischende Bäder an Ufern der Maggia oder eine Einkehr auf der Granitbank sind aber schon am Taleingang hinter Ponte Brolla und um Avegno möglich. Vergleichsweise tiefe Tallagen und die südliche Exposition sorgen hier für eine vielfältige, an günstigen Stellen bereits mediterran durchsetzte Vegetation. Einzelne Palmensolitäre überragen die alpinen Granitdächer, Wein rankt über Steinpergolen, an den warmen Talseiten reichen die Eßkastanienwälder bis auf gut 1 000 m, Laubwald zieht sich an den südlichen Flanken bis über 1 700 m weit nach oben, darüber noch ein Lärchengürtel. Dann beginnen die artenreichen Almen mit reicher Flora.

Krumm, bucklig und schön – Pergolakultur in Lodano

Maggia-Terrassenland: Auch das alte Terrassenland gehört zum (gefährdeten) Kulturbestand des Tals. Jahrhundertelang typisch für das untere Maggiatal waren klein parzellierte Rebflächen mit Kastanienholzpergolen, gestützt von Trockenmauern. Viel von dieser alten Kulturfläche – die einer intensiven landwirtschaftlichen Nutzung entgegensteht – wurde aufgegeben oder vom Wald überwuchert. In Maggia, Lodano und Gordevio wird nun ein Teil der alten Parzellen wieder hergerichtet.

Einkehren im Tal – Man erwarte unmittelbar links und rechts der Rollbahn durch‘s Tal bitte keine Wunder. Eine Warnung, die freilich nicht nur für‘s Maggiatal, sondern ebenso gut fürs Centovalli und andere einschlägige Regionen des Tessin zutrifft. Das hoffnungslos überstrapazierte Grotto-Konzept ist längst kein Garant mehr für eine aufrichtige, produktnahe Handwerksküche. Eher ein Feigenblatt für mutige Preise bei überschaubarem Wareneinsatz.
Hinzu kommt eine oft recht einsilbig-herbe Tessiner Be-

Geht doch – alt und neu im Nebenhaus, bei der Casa Ambica

wirtung, deren kommunikativer Einsatz selten über karge Floskeln hinausgeht. Herzlichkeit und gastronomische Leidenschaft sucht der erfahrenen Reisende aber seit jeher eher im Winkel als an der Piste.

Avegno: Im Taleingangsort gleich beim Brunnen das Restaurant *Stazione*, eine gewöhnliche, volksnahe Dorfeinkehr ohne besondere Vorkommnisse, was vielleicht gerade die Vorzüge des Ortes ausmacht. Paste e Risotti, ein paar Fleischgerichte je nach Saison oder Betrieb, dann Hausspezialitäten wie Schmorbraten in Barolo, Osso bucco oder auch Perlhuhn im Topf geschmort. Nur ein Teller Salumi misti mit einem Salat geht aber auch; mittags treffen sich hier Handwerker zum Tagesteller, wobei zu bemerken wäre, daß Handwerker in Avegno auch mal im Porsche 911 vorfahren. Ob das nun ein gutes oder ein bedenkliches Signal ist, sei dem Leser überlassen. Stazione, Tel. 091-796 20 86, RT: So-Abend und Mo, sonst ab 9 Uhr.

Ein guter Platz im Maggiatal: Casa Ambica, Gordevio

Gordevio. Sorgsam gehüteter historischer Gassencharme auf der Sonnenseite des unteren Maggiatals. Für stillere Naturen ein reizvoll gelegener Ausgangspunkt, um das Tal zu erkunden – zudem noch nahe bei, aber eben nicht im Rummel von Locarno.

CASA AMBICA GARNI – Gordevio. Die Adresse im unteren Tal. Das Patrizierhaus im durch und durch historischen Dorfkern wurde erst vor Jahren total renoviert. Es liegt ruhig und ein wenig erhöht, am Ende der engen Ortsdurchfahrt; Wanderrouten auf historischen Wegen beginnen parktisch direkt beim Haus. Aber nicht nur, es wartet vielmehr eine gediegene Pension mit komfortablen und geschmackvoll eingerichteten Doppelzimmern und einer Suite. Die Zimmer im ersten Stock der Casa haben Südlage und Zugang zum umlaufenden, schmalen Granitbalkon, der nach langer Tour einen wunderbaren Platz für das erste Glas abgibt. Ein ansprechender Rückzugsplatz auch der Innenhof, im Stil der Region mit Granittischen und schattenspen-

Typisches Tessiner Trinkgefäß – Boccalone an der Talstraße

dendem Laubengang. Sehr gutes Frühstücksbuffet mit Käse und regionalen Produkten aus dem Tal. Im Innenhof vor dem Haus auch eine Dauerausstellung rund-barocker Steinskulpturen von Fausto Pozzi.

Casa Ambica Garni (Silvia Beerli), CH-6672 Gordevio. Tel. 0041-(0)91-753.10.12, www.casa-ambica.ch. Ende März bis Ende Oktober, Parkmöglichkeit am Haus. Laubenbeschatteter Innenhof. vier Doppelzimmer, eine kleine Suite und ein Mansardenzimmer. Mittlere Preise. Obacht gleich bei der Anfahrt: die erste Abzweigung hinter dem Ortsschild nehmen (ausgeschildert).

Rundwanderungen ab Gordevio – Direkt ab der Pension Casa Ambica beginnen wunderbare Möglichkeiten – im Maggiatal gibt es 700 Kilometer markierte Wege. Im Tal verbinden historische *Sentieri di Pietra* die flußnahen Dörfer. Direkt ab Gordevio aber auch reichlich fordernde Wandermöglichkeiten auf die sonnigen Höhen und Maiensässe über dem Tal: z.B. die lange Runde *Gordevio – Alpe Pizzit* (1 713 m) – *Alpe Nimi* (1 718 m, Weg dort steil). Ab Alpe Nimi entweder Abstieg nach Gordevio, oder die lange, meist ab-

Grotto am Weg – Ca' Rossa, an der Talstraße bei Gordevio

schüssige Querung über *Aiarlo* und Abstieg nach *Maggia* (332 m) – im Bus zurück nach Gordevio. Gut als Ganztagestour, durch botanisch abwechslungsreiches, wasserreiches Gebiet, warmer Laubwald, besonnte Alpen, steile Flanken.

- **Gesamtzeit** der oben beschriebenen Route: 6½ bis 7 h. Teilstrecken: Gordevio–Alpe Pizzit 3 h; Pizzit–Alpe Nimi 1 h; Alpe Nimi–Gordevio/bzw. Maggia um 3 h.

- **Abkürzung**: Eine stark abkürzende, dennoch lohnende **Variante,** bequem an einem halben Tag zu machen (ca. 3 h) – mit ansprechenden Raststellen: Auf der oben beschriebenen Rundwanderung nach ca. 1 h Anstieg in Richtung *Chimoi* (883 m) nach links abzweigen und über *Archeggio* (707 m) wieder nach *Gordevio* absteigen.

- **Sentieri di pietra**. Selten sind alte Granitwege und naheliegende historische Bauwerke besser erschlossen als im Maggiatal, bei Vallemaggia Turismo (in Maggia) und im Internet (www.pietravia.ch) gibt es Infos zu den kulturgeografisch reizvollsten Routen: u.a. um Gordevio, Lodano, Linesco.

GROTTO CA'ROSSA – Gordevio. Marlen Frey und Vittorio Lenzi wirten direkt an der Hauptstraße in der früheren Pferdewechselstation für die Kutschen, heute ein öfter gelobter

Bleibe am richtigen Fleck – Ca' Serafina, Lodano

Grotto direkt rechterhand an der Durchgangsstraße von Gordevio nach Maggia.

Grotto Ca'Rossa, 6672 Gordevio. Tel. 0041-(0)91.753.28.32, www.grottocarossa.ch. RT: Mi, Ferien von Ende Nov. bis Mitte März. ♠ Lauschige Terrasse unter der Pergola.

Maggia: Hier wäre das Ristorante *Poncini* neben dem Dorfplatz ideal für ein Tessiner Plättle, sowie zum Wanderkarten studieren. Zwei, drei Tischchen stehen draußen am Straßeneck. Schräg gegenüber verkauft die *Bäckerei* und *Konditorei Poncini* selbstgemachtes Eis, an Ostern die süße Colomba-Spezialität und rund ums Jahr Panettone und ein hervorragendes Vallemaggia-Brot.

Panetteria Poncini, 6673 Maggia, www.panetteria-poncini.ch (Filiale in Ascona an der Via Borgo 32).

Lodano – Zweifellos das Schmuckkästchen unter den Maggiatalorten. Abseits der Talstraße freundlich und ruhig gelegen, ein geschmackvoll gehütetes Tessiner Schatzkästlein, nicht überrenoviert oder neureich rausgeputzt. Irgendwie scheinen hier die richtigen Leute zu wohnen, wofür auch

Heiterers Basislager – Ca' Serafina, Lodano

eine bemerkenswerte Unterkunft ebenso spricht, wie der stimmungsvolle *Dorfgrotto* aus der beliebten Klasse «Minestrone am Steintisch».

CA' SERAFINA – Lodano. Eine der schönsten Herbergen im Tal, ideal geeignet als stimmiges Basislager zur Erkundung der Bergregion. Das granitgedeckte Haus aus dem 19. Jahrhundert liegt am Rande der kleinen Maggiatalgemeinde Lodano. Aufwachblick auf Kirchturm und Bergwälder. Die geschmackssicher renovierte Casa Ticinese wirkt innen unaufgeregt und gediegen, mit granitsteinernen Treppen, kleinem Aufenthaltsraum und fünf möblierten Zimmern. In dieser Klasse, mit dieser Stimmung ohne große Konkurrenz im Tal, rechtzeitig reservieren.

Hotel Garni Ca' Serafina (Alexa Thio), 6678 Lodano, Tel. 0041-(0)91-756.50.60, Fax 756.50.69, www.caserafina.com. Vier Doppel- und ein Dreibettzimmer mit Dusche, WC, Tel., TV. ♠ Frühstücksplatz unter Weinlaub. Preise: mittel bis gehoben.

Ein schöner Badplatz: der Strand unter der Brücke.

Kollektivkiosk – Capanna dello Zio Sam, im Wald bei Avegno

Danke Ché ! Bevor wir das Tal in Richtung höhere Regionen verlassen, noch ein paar Sätze zum Sommerkiosk von Ché. Wie bereits eingangs des Kapitels erwähnt, liegt die schräge Freilichtbühne nahe Avegno, im Wald über der populären Maggia-Badestelle, direkt unterhalb der Granitsäule. *La Capanna dello Zio Sam* ist Sommerkiosk und Mahnmahl in einem. Man hockt auf Plastikstühlen, es gibt nur das Nötigste, wenn es sein muß, wird der Grill angeworfen. Was Lebensfreude und spontane Gastgeberqualität angeht, sind die Jungs und Mädels freilich so manchem am Leben bitter gewordenen CH-Gastgeber mit Wirtepatent unerreichbar enteilt. Man lebt und singt nach dem Lustprinzip, Themen, die sonst beim Therapeuten angesprochen werden, gehören hier zum small talk. Der Gast kommt nach dem Bad in der Maggia, sitzt da und staunt, was ein noch nicht restlos domestiziertes Kollektiv in Tessiner Wald so alles anrichtet. Vielleicht gibt es die ganze Anlage in der nächsten Saison schon nicht mehr. Schade, aber wie sagt man in Italien: *Lotta continua!*

Kollektivverwaltung – Gemeindehaus in Cevio

Cevio liegt am Eingang ins enge *Val Rovana,* das sich später in zwei hochalpin anmutende Seitentäler teilt, an deren Ende die Ganzjahressiedlungen *Bosco Gurin* und *Campo/Cimalmotto* liegen. Von der Sonnenterrasse um Campo, den Abgründen um Cimalmotto und den Liften um Bosco Gurin ist aber am geschäftigen Dorfplatz von Cevio noch wenig zu ahnen. Die historischen, reich geschmückten Fassaden stammen aus der Zeit der Landvögte, die bis Ende des 18. Jahrhunderts das Tessin regierten. Heute ist der zentrale Platz auch ein touristischer Angelpunkt. Einkaufen, den Gasfuß vertreten oder den Bus wechseln, bei einem Café die nächste Etappe festlegen.

In Cevio findet man auch alles Nötige für Touren in die Seitentäler: Lebensmittelladen (mit Wanderkarten), Bäckerei, Metzgerei, zwei Banken. Leider fehlt es an charmanten Unterkünften. Leser waren vom *Albergo Basodino**,* einem äußerlich stattlichen Haus, innerlich doch enttäuscht, dito im Albergo *La Posta* auf der anderen Straßenseite.

3 ▶ Valle di Campo – Hinterstes Tessin

Cerentino – Campo – Cimalmotto: Aus dem Maggiatal bei Cevio führt eine kühn in den Hang gelegte Nebenstrecke steil bergan ins Valle di Campo. Wer seine Freude an Extremlagen hat, wer einen der hintersten Winkel der Südschweiz automobil oder mit dem Rad erkurbeln möchte, sollte die Strecke in Angriff nehmen. Die Trasse schraubt

Kurz vor Schluß – Piano im Valle di Campo

sich regelrecht ins Gebirge, Sportfahrer sehen darin eine Herausforderung, Ökologen betonen auch hier die tägliche Busanbindung. Gleich wie, es locken großartige Impressionen und wer bis Cimalmotto durchhält wird mit exklusiver Talschlußstimmung belohnt.

Die nachhaltig serpentinenreiche Bergstraße hinauf ins *Valle di Campo* wurde mit den Jahren und mit Schweizer

Eine Art Generationenvertrag – Steinterrassen in Linesco

Gründlichkeit wieder und wieder ausgebaut und befestigt. Spitzkehre um Haarnadelkurve wurden dem Steilhang abgetrotzt, mit Aufwand gesichert und mit lokalem Granit untermauert. Allein von Cevio bis Linesco sind es zehn solcher Extremkehren und 220 Höhenmeter. Straßenbau als Existenzgrundlage, anders wären die winzigen Dörfer im Valle di Campo auch kaum besiedelt zu halten. Die Straße nach Campo ist somit nicht nur ein landschaftlicher Höhepunkt, sondern auch ein soziales Bekenntnis – wir geben nicht und nichts auf, auch ganz hinten nicht.

Die positiven Folgen solchen Eigensinns sind offensichtlich: selbst in Extremlagen wurden einige baufällige Häuser vorbildlich mit lokalem Material saniert, Dächer neu mit Granit eingedeckt, Bausünden oder deplazierte Freizeitarchitektur kommt hier so gut wie nicht vor.

Gleich am Beginn der Strecke, im alten Terrassendorf *Linesco* ein landschaftlicher Höhepunkt. Das Dorf steht auf steilen Kleinterrassen, Häuser, Felder und Weiden wurden einst von 25 Kilometer Trockensteinmauern gehalten. Sol-

Sozialstation mit warmer Küche – Osteria Sascola in Linesco

che Mauern waren auch mal eine Art Generationenvertrag. Heute Steine klopfen, aufschichten und Anbaufläche auf zuvor 25 % steilen Hängen gewinnen, aber erst morgen ernten, übermorgen dann Erosion und Verfall der Generationenleistung. Ein Zyklus, der einem bekannt vorkommt. Ein Teil ehemaligen Lebensgrundlage des Bergdorfes wurde mittlerweile sorgfältig restauriert, aber bis auf einzelne Hausgärten wächst auf dem mühsam zusammengehaltenen Grund wenig mehr als kurzer Rasen, was dann doch museal bis dekadent aussieht.

Direkt an der Straße nach Campo strahlt die *Osteria Sascola* frisch gestrichen leuchtend Rot, was auch heißt: schaut her, wir gönnen uns einen würdigen Gemeindetreff, eine freundliche Bar, eine Sozialstation mit warmen Speisen. Ein Halt auch für Passanten, wie ein Schwalbennest, eng am Hang zwischen Via Cantonale und Abgrund, aber was für ein Unterschied zu den Sky-Spelunken in deutschen Mittelgebirgen.

Man könnte hier einfach mal auf einen Café anhalten, sich

Ohne Älplerbarock – klare Kante in der Valle di Campo

umschauen und daran denken, wie verrottet und morbide mancher Zone-30-Haushaufen gegen so einen Ort wirkt.

Osteria Sascola (Gerry und Kika), Linesco, 9 bis 22 Uhr, Mo. geschl., günstige Preise. Auf Vorbestellung auch Osso bucco, oder auch Braten um 20 Franken, Tel. 0041-(0)79-444.11.24.

Auf den gut 18 Kilometern von Cevio über Linesco und Cerentino nach Cimalmotto (1 400 m) muß die Bergstraße nochmals fast 1 000 Meter an Höhe gewinnen. Wenn im Frühjahr unten am See längst die Magnolien aufgehen, zeigen die mächtigen, alleebaumdicken Eßkastanien an der Bergstraße noch keinen Austrieb, weiter oben am Hang sind oft noch Schneefelder zu sehen. *Cerentino* heißt der Kreuzungsort zum *Valle di Gurin* mit dem deutschsprachigen Walserdorf *Bosco Gurin*. Unsere Lieblingsroute führt in das andere, westliche Seitental *Valle di Campo*, am Ende liegt auf einer labil geschichteten Moränenterrasse die Talschlußsiedlung *Cimalmotto* wie auf einem alpinen Prästentierteller.

■ **In Cerentino**: Die altersschwache Osteria *Centrale* liegt in Cerentino direkt an der Kreuzung nach Bosco Gurin. Im Halbschatten alter

Freundlicher Außenposten – Porta in Campo

Bäume dösen die Tische auf dem Rasen vor dem Haus, auf der Karte einfache Gerichte – ein Zwischenstopp; oben in Campo sitzt man schöner, naturverbundener. Mai bis Oktober bewirtet. RT: Do.

Die entlegene Valle di Campo wird zwar durch den gelben Kleinbus der Post noch mit der Welt verbunden, aber selbst in der Südschweiz ist eine Randlage selten so ausgeprägt wie hier. Trotz leidlich guter und laufend verbesserter Straße leidet der Winkel wie andere Tessiner Hintertäler unter Auszehrung und Abwanderung: Im 18. Jahrhundert lebten in den vier Dörfern *Niva, Piano di Campo, Campo* und *Cimalmotto* mehr als 1500 Menschen, heute sind 's noch 100 ständige Bewohner, dazu meist ältere. Auf zwei, drei Dutzend ganzjährig bewohnten Häuser kommen gut 100 Ferienhäuser, in denen Neorurali ihren Träumen vom Bergleben nachgehen. Im Sommer kommt noch etwas Wanderbetrieb dazu, außerhalb der Saison ist hier aber unmittelbar spürbar Talschluß und fertig. Aber immerhin, der Bestand wird gepflegt, einzelne Neubauten zeigen, daß die Valle di Campo am Ende liegt, aber noch lange nicht am Ende ist.

Weit oben, weit hinten – Sonnenterrasse Campo

Die legendäre Pensione *Alpina* ganz oben in Cimalmotto ist zwar geschlossen, aber die *Porta* in Campo hält mit bewundernswerter Ausdauer die gastronomische Grundversorgung aufrecht. Bemerkenswert, daß einem ausgerechnet hier, am hintersten Ende der Schweiz, eine einheimische Wirtin mit einer naturgegebenen Herzlichkeit begegnet, die es weiter unten im Maggiatal längst nicht mehr gibt.

Campo (1.300 m) erscheint trotz der Straße wie eines der schöneren Bergdörfer im Tessin. Campo liegt ähnlich *Cimalmotto* (1 409 m) klug plaziert, wie eine sich wärmende Katze, auf einer fünf Quadratkilometer großen nur sanft geneigten Sonnenterrasse. An die Hochzeit des Tals erinnern die stattlichen Hausfronten der Familien Pedrazzini und Franzoni, sie stammen aus dem 18. Jahrhundert. Die Pedrazzini waren es auch, die den Bau eines Kreuzwegs mit 11 Kapellen angeregt haben, der zwischen 1996 und 2000 renoviert wurde.

Die exponierte Lage hat auch ihre Tücken. Die beiden letzten Dörfer im Valle di Campo rutschen seit gut hundert

Alles fließt – Cimalmotto steht auf einer Moräne

Jahren langsam aber stetig Richtung Flußbett der Rovana ab. Bereits bei der Auffahrt wird die Labilität des Geländes an Straßenabbrüchen, Senkungen und Teerverwerfungen deutlich. Einer der Gründe: die Sonnenterrasse ruht auf lokkerem Moränenschutt, der wie eine Gleitschicht auf der tieferen, kompakten, leider aber schrägen Felsschicht liegt.

Dazu kam noch Leichtsinn und die übliche Habgier: die Gemeinde Campo verkaufte einst ein Stück Wald im oberen Teil der Alpe di Quadrella an eine Flössergesellschaft. Die Holzernte wurde mit Hilfe dreier Schwallwasserperren zügig durchs Tal beförderte. Das ging, solang es gut ging, aber 1857 kam es zur Katastrophe: bei anhaltendem Starkregen wurden alle drei Barrieren auf einmal geöffnet und das angestaute Wasser tobte durch die Schlucht und verwüstete die schützende Vegetation. Bald jedes Haus in Campo zeigt Risse und der Grund ist eigentlich kein solcher mehr, denn der Boden verschiebt sich Jahr um Jahr bis zu einem Meter. Es wurde sogar schon erwogen, die destabilisierende Rovana zumindest teilweise durch Tunnel zu leiten.

Danke für die schönen Stunden – Ristorante Porta, Campo

Ristorante PORTA – Campo. Der gastronomische Außenposten im Tal, Einkehr, Dorfplatz, Nachrichtenbörse, alles in einem. Während unten im Tal manche Einkehr zum Touristenmelkplatz degeneriert ist, hält sich hier oben eine Multifunktionsgastronomie, die dem Fremden auch außerhalb der Küchenzeiten ein Faustbrot mit Rohschinken und ein frisches Bier hinstellt, von der Chefin persönlich mit einem Lächeln serviert. Das Porta ist ein Platz, der einem im Gedächtnis bleibt, alles wirkt hier einfach, aber das Einfache stimmt, die Dinge passen zueinander, und ein Vesper auf dem sonnigen Laubengang hinten raus, kann leicht zum persönlichen Bergfest werden. Die Holzveranda wäre der Platz zur Nachmittags-Rast – die Sonne scheint bis zum Untergang. Man sitzt hier in der Nachsaison ab Mitte September oft ganz alleine mit Blick auf Valle, Berg und Wasserfall. Zum Abendessen gibt's, was es gerade gibt und das gut, günstig und freundlich. Der schönste Balkon im hinteren Valle di Campo. So war es und dem ist bis heute wenig anzufügen. Danke für die schönen Stunden!

Herrengedeck – Terrasse Ristorante Porta, Campo

Pensione Porta, CH-6684 Campo. ♠ Veranda, 5 einfache Zimmer und Gruppenunterkunft, Etagenbad, Tel. 0041-(0)91-754.12.54. Von April bis Dezember, RT: Mo. Preise: günstig.

- Osteria Pensione Alpina in 6684 Cimalmotto, 2011 geschlossen.

Alpine Alternativen – Abwarten und Flußbaden: Von Cimalmotto bleibt dem Autor außer der nun leider geschlossenen Pensione Alpina die Erinnerung an einen Vormittag mit unsicherem Wetter und träger, weil komplett übersäuerter Muskulatur. Man saß also vor Winden geschützt an der hinteren Hauswand der Osteria, diskutierte über Höhenmeter, Wegverlauf und Wolken, die Zeit zerrann mit diversen Calandas im seltenen Regionalformat von 0,58 Litern. Irgendwann war dann auch das weitere Tagesprogramm beschlossen: kneippsche Anwendungen in unmittelbarer Flußnähe, kombiniert mit einer Liegekur.

Baden an der oberen Rovana: Cimalmotto auf dem Fahrweg nach Westen verlassen, Richtung Landesgrenze (Mött di Tirman), nach gut 30 min Badechance am Grasufer zwischen den Sandbänken des *Rio Colobiasca*, nur wenig flußaufwärts der markanten Hängebrücke.

4 ▶ Im Centovalli

Ein enges Tal mit steilen Flanken, eine kühn in den Fels gehauene Straße, eine schmale Bahntrasse – wieder und wieder erstaunt das extrem gefaltete Bergland mit den tief eingekerbten Nebenflüssen, Seitentälern, Einschnitten und wilden Kehren. Das Quertal, das Locarno mit Domodossola in Italien verbindet, heißt auf Tessiner Seite *Centovalli*, im Piemont dann *Valle Vigezzo*. Centovalli-Bewohner sagen, es seien genau genommen nicht nur cento, sondern einhundertachtundsiebzig Täler!

Früher waren weite Abschnitte des Centovalli-Haupttals durch heikle Schluchtpassagen und die unberechenbaren Fluten der wasserreichen, tief eingegrabenen Melezza öfter unpassierbar. Die Wege von Dorf zu Dorf führten nur selten durch den Talgrund, sondern meist weiter oben an den Talflanken entlang. Erst 1918 konnte die Pferdepost eingeführt werden. Der Platz für die heutige Bahn- und Autotrasse war nur mit Dynamit zu bekommen.

Die Eisenbahnlinie Nr. 620 zwischen Locarno und Domodossola wurde Anfang des Jahrhunderts gebaut, 83 Brücken, 31 Tunnel, gut 600 Höhenmeter, die kühn gelegte Spur bietet tausend Blicke und bequemen Rücktransport für Wanderer (vgl. auch unten). Im Rahmen einer vom Kanton Tessin aufgelegten Arbeitsbeschaffung wurden später auch die alten Saumwege wieder hergerichtet – ohne die wären für die Freizeitwanderer von heute die tief eingeschnittenen Seitentäler nicht passierbar (weniger begangene Teilstrecken des Wanderwegnetzes sind mittlerweile aber nahe am Verfall).

Aus einem unwegsamen, riskanten Tal wurde ein Lieblingsziel für Genußwanderer, Ferienhäusler und Teilzeit-Naturburschen. Locarnonah, die Talorte mit der spektakulären Schmalspurbahn verbunden, wobei schon die erste Höhenstufe auf 600 bis 800 Metern Ausblicke und Berggefühl bietet.

Guter Tourenausgangspunkt – Bordei

- **Ideale Ausgangspunkte für Wanderungen**: Die beiden Bergdörfer *Pila/Costa* und *Rasa (bzw. Bordei)*. Sie sind mit einer kleinen Seilbahn (von Intragna bzw. Stazione Verdasio) zugänglich und ersparen gut 400 Höhenmeter Aufstieg.

Centovalli-Bahn. Die einzige Tessiner Regionalbahn, die heute noch fährt. Die alte Bahn ins Misox (St. Bernhard) ist längst eingestellt, ebenso der Ableger der Centovalli-Linie, die Maggia-Tal-Bahn, die von 1907 bis 1965 in Betrieb war. Die Gesellschaft *Ferrovie Augolinee Regional Ticinese (Fart)* weiß um die touristische Attraktivität der Linie und unternimmt einige Anstrengungen, sie zu erhalten.

Die Centovalli-Linie (1 000 mm Spur) startet unterirdisch vom Bahnhof Locarno, die Spur kommt erst nach zwei Kilometern ans Tageslicht. Die gut 50 km lange Fahrt der Linie 620 von Locarno nach Domodossola dauert ca. 2 h, Verbindung mehrmals tägl., teils mit Panoramawagen, auch Expreßzüge.

- **Fahrplan Linie 620, Locarno Domodossola:** www.centovalli.ch

Der Klassiker am Taleingang – Ristorante Centovalli, Ponte Brolla

Das Centovalli ist eine beliebte Wandergegend. Allerdings ist die gastronomische Infrastruktur – zumindest bei Hotels – nicht immer auf der Höhe der landschaftlichen Attraktivität. Wirklich solide Adressen mit einiger Kapazität sind rar, bereits in der Vorsaison kann es passieren, daß im Tal kein Zimmer mehr zu haben ist. Reservierung empfiehlt sich deshalb auf jeden Fall. Dank der Centovalli-Bahn ist es aber problemlos möglich, am Abend jeder Tour wieder nach Golino, Intragna, Ponte Brolla oder sogar nach Locarno zurückzukehren.

Ristorante CENTOVALLI – Ponte Brolla. Ein Klassiker an strategischer Position direkt an der Centovalli-Bahnlinie, etwas erhöht über der Hauptsstraße ins Tal gelegen. Mit seiner stilvollen rosaroten Fassade, mit den französischen Balkonfenstern und den schmucken Simsen, von Palmen beschattet, ist das Haus schon von außen ein Genuß. Auch innen werden die Sinne bedient: schöner Speisesaal, großer Garten unter der Pergola, gepflegter Service in schwarz-

Gib' uns unser täglich Risotto – Ristorante Centovalli, Ponte Brolla

weiß; Stil auch bei touristischem Gedränge. Solche Gediegenheit muß natürlich bezahlt werden, aber die Dinge hier sind ihren Preis wert. Eine Gastro-Zeitung schrieb dazu: „Eine absolute Goldgrube mit dem Dauerbrenner Rindsfilet mit Risotto." Kleine, sinnvolle Auswahl, ausgezeichnete, frische Produkte, darunter der Klassiker (Gorgonzola-)Risotto (ab 22 Franken; mit Kalbssteak und Salat 49 Franken), es gibt auch hausgemachte Ravioli (22 Franken). Nach Lage und Charakter eher ein gepflegtes Restaurant mit Herberge als ein heimelig-stilles Berggasthaus. Schattige Sommerterrasse im Grottostil unter Weinlaub, sympathische Wirtsleute.

Albergo/Ristorante Centovalli, CH-6652 Ponte Brolla/Tegna. ⮂ neun sehr schöne Doppelzimmer. Reservierung notwendig: Tel. 0041-(0)91-796.14.44, www.centovalli.com. März bis Dez., RT: Mo, Di. Preise: mittel-gehoben, aber nicht überteuert. ♠ reizvoller Innenhof mit Pergola.

GROTTO DA ENZO – Ponte Brolla. Wie weit die derzeit beliebte Übung des Grotto-Liftings gehen kann, läßt sich in einem Edelgrotto namens *da Enzo* erschmecken: Die

La Dolce Vita auf Granit – da Enzo in Ponte Brolla

prächtige Lage am Hang über Ponte Brolla (gleich hinter dem Ristorante Centovalli gelegen) wirkt ebenso filmreif wie das Interieur, wie die Kundschaft. Auf dem Parkplatz stehen mehrheitlich großvolumige Limousinen, die Herrschaften geruhen im Garten zwar auf rauhem Granit zu tafeln, blütenweiße Tischsets und Sektkelche gehören bei dieser Klientel aber offenbar ebenso zur Rustikalität eines Grotto, wie ein Supplement weißer Trüffel (5 Franken das Gramm.) Aber bitte kein Sozialneid, man sitzt hier zweifellos distinguiert, der Garten ist ein Traum, es wird professionell bedient, die Costata di Vitello vom Lukmanier (zu 64 SFr.) machte eine sehr gute Figur; zudem beginnen Einstiegsgerichte wie ein „Flamm da Enzo" bereits bei sozialverträglichen 34 Franken. Der alte Klassenkämpfer Klaus Steack würde hier 1001 Motive für sein Skizzenbuch finden. Es ist schon eine Weile her, da ätzte Staeck auf einem seiner Politplakate: „Deutsche Arbeiter, die SPD will euch eure Villen im Tessin wegnehmen." Das war zweifellos etwas überspitzt formuliert, heute wäre gerade im Tessin festzuhalten: „Deutsche Arbeiter, der Euro

Vier Zimmer im gelben Haus – Casa Gialla, Tegna

wird Euch Demut lehren.“ Auch da Enzo.

Ristorante da Enzo, CH-6652 Tegna, Ponte Brolla, ♠ reizvolle Pergola im Park, RT: Mi und Do-Mittag, Tel. 0041-(0)91-796 14 75, www.ristorantedaenzo.ch.

CASA GIALLA – Tegna. Vier komfortable Zimmer in einer stilvoll renovierten Villa aus dem 19. Jahrhundert – mit seiner Vorderseite schaut das auffallend gelbe Haus zwar direkt auf die zur Saison kräftig befahrene Ortsdurchfahrt, hinten raus und im Garten wird es aber gleich ruhiger und viel lauschiger. Dicke Mauern, gediegene Ausstattung und eine engagierte Gastgeberin sorgen für eine gepflegte Pensionsatmosphäre, die von einer frischen, saisonalen und teils auch biologischen Küche stimmig begleitet wird – serviert wird in einem klassischen Tessiner Speiseraum. Eine Pension mit persönlicher Handschrift zu fairem Preis.

Casa Gialla (Paola Orler), CH-6652 Tegna, Tel. 0041-(0)91-780 74 04, www.casa-gialla.ch. Preise: mittel-gehoben.

Mo. Pasta, Do. Siedfleisch – an der alten Pferdebrücke in Cavigliano

AL PONTE DEI CAVALLI – Cavigliano. Weil Verena Früh so klar formuliert, wie sie kocht, ausnahmsweise mal ein längeres Zitat von ihrer eigenen Homepage: „ein paar gedanken zu meinem konzept: einfache, frische und unverfälschte küche, jeden tag gibt's ein neues menu, ich verwende frische produkte aus der gegend, wenn möglich bio und natürlich der saison entsprechend. bei meiner art zu kochen ist eine reservation eigentlich unumgänglich. vom menu kann jeder gang einzeln bestellt werden und eine variante ohne fleisch bieten wir auf wunsch gerne an."

Verenas verstecktes Kleinrestaurant liegt direkt an der alten Pferdebrücke über den Isorno. Nicht weit unterhalb der viel befahrenen Hauptstrecke ins Centovalli wartet hier ein gastronomisches Kleinod. Man fühlt sich aufgehoben wie bei einer guten Freundin (nur kann die oft nicht so kochen wie Verena). Jeden Donnerstag gibt es gemischtes Siedfleisch (halbe Portion 22, ganze 28 Franken, Beilagen inbegriffen), am Samstag ein Menu con Carne zu 50 Franken, ohne 35,

Cà'Vegia, Golino

immer montags Pasta oder Risotto um 20 Franken, zudem täglich zwei Vorspeisen, Tessiner Käse, Dessert – eine frische, bekömmliche Küche, in dieser Art selten im touristischen Tessin. Da in der Einfrau-Küche alles mit Hand und Liebe gemacht wird, kann es auch mal etwas dauern. Eine Etappe, fast zu schade als stopover, was auch kein Problem ist: in Golino gibt es mit Cà Vegia eine brauchbare Unterkunft.

Ristorante Al Ponte dei Cavalli (Verena Früh), CH-6654 Cavigliano. Tel. 0041-091-796 27 05. Do, Sa und Mo 18 bis 22.30 Uhr. ♠ Tische an der Hauswand. Preise: günstig-mittel.

Hotel-Garni CÀ'VEGIA – Golino. Gediegener Landgasthof im alten Patrizierhaus am kieselgepflasterten Hauptplatz; hinter der Fassade mit freskengeschmückten vierhundertjährigen Mauern warten drinnen Zimmer teils mit Antiquitäten möbliert; dazu ausreichender üblicher Pensionskomfort. Idyllischer Innenhof und eine Liegewiese.

Cà Vegia (Fam. Fusetti), 6656 Intragna-Golino, www.hotel-cavegia.ch, Tel. 0041-(0)91-796 12 67. Von Anfang März bis November, 12 gemütliche Zimmer, 2 Suiten. ♠ Innenhof. Keine Haustiere. Preise: mittel.

„Das Pflaster ist mit Gras überwuchert" – Intragna-Zentrum

Intragna

Zur erhabenen Pförtnerposition Intragnas am Eingang des Centovalli paßt der Campanile: mit 65,75 m Höhe der höchste Kirchturm im Tessin, er ist gegen geringen Wegzoll begehrbar (Anmeldung im Turismusbüro gegenüber). Intragna ist Tor ins Tal und Loge über dem Pedemonte zugleich, auch Station der kleinen Seilbahn hoch nach *Pila-Costa,* die einen von 342 auf 836 Meter bringt.

„Die Piazza von Intragna sucht in den alten Städten Italiens ihresgleichen. Der Platz begnügt sich wie die Gassen mit einfachem Kieselpflaster, in das aber allerhand Figuren eingelegt sind, damit auch hier eine der schönsten Künste der Italiener, das Mosaik, vertreten sei. Das Pflaster ist mit Gras überwuchert, der Patina alter Städte… An der Piazza von Intragna kann man stundenlang sitzen, alter Zeiten gedenkend, den Frieden des Ortes genießen."

Das Stimmungsbild ist zwar schon etwas her, ADOLF SCHULTEN beschrieb das entschleunigte Intragna im Jahr 1922 – aber es gilt noch immer: Intragna ist ein Schmuckstück, seine Piazza einmalig. Allerdings im Sommer auch ein be-

ORANTE –
ALBERGO
ANTICO
INTRAGN

Luxus am Bahngleis – „Da Agnese" in Intragna

liebtes Ziel. Lang sitzen und schauen ja, nur nicht mehr so allein wie Kollege Schulten. Auch an Plätzen für eine spontane Einkehr ist kein Mangel, stimmungsvoll zum Kirchplatz hin vor der *Osteria Centrale*, deren Tische auf rundgelaufenen Kieseln stehen, zwischen denen wie einst das Gras gedeiht, oder auf der mit Weinlaub eingewachsenen Terrasse im *Ristorante Antigo* (dort auch Zimmer), eine weitere Option etwas unterhalb des historischen Clusters im authentisch-sympathischen *Ristorante del Campanile*, wo es ebenfalls eine Terrasse unter Weinlaub und einfache Zimmer gibt.

DA AGNESE / STAZIONE – Intragna. Das etwas andere Bahnhofsrestaurant eingangs Centovalli – in der Komfortklasse seit Jahren eine gesetzte Adresse. Nach vorne wirkt das Haus zunächst noch bescheiden bürgerlich, da wären nur ein paar Terrassentische, die wenige Meter von den (wenig befahrenen) Gleisen der Centovalli-Bahn stehen. Zur ru-

Der höchste im Tessin – Campanile in Intragna (66 Meter hoch)

higen Talseite mit Panoramablick über das Pedemonte dann der gepflegt eingedeckte Speiseraum und eine splendide Terrasse, auch die sehr komfortablen Zimmer gehen zur sonnigen Talseite. Chefin und Wirtin Agnese Broggini managt das noble Anwesen seit Jahr und Tag mit einigem Elan und scharfem Blick für die Möglichkeiten der Luxusvermarktung. Dazu paßt ein etwas dekorativer Küchenstil in der Mousse- und Trüffelschaumklasse, sowie ein in Qualität und Preise avanciertes Weinangebot. Die Zimmer – teils mit üppigen Bädern – sind unterschiedlich, je nach Lage im Haupthaus Stazione, im Landhaus Capricio oder in der Casa Ticinella. Bei Appetit auf fein auspolierten Tessiner Landhausluxus.

Hotel-Ristorante Stazione (Agnese und Adriana Broggini), CH-6655 Intragna, Tel. 0041-(0)91-796 12 12, www.daagnese.ch. März bis November geöffnet. ♠ Terrassen, RT (nur März und Nov.): Mo, Di. Preise: hoch.

Aus der Welt Fleck – Verdasio

Verdasio. Ein selten heiterer Aus-der-Welt-Fleck auf der Sonnenseite des Tals: das kurvige Sträßchen führt – erst seit 1963 – den Berg hinauf, wenig unterhalb vom schmucken, autofreien Dorf ist dann Schluß mit Fahren und Beginn mit Staunen: Prachtvolle Palazzi in vorzüglicher Hanglage, Kirche mit stattlichem Glockenturm und auffallend gepflegte Gärten, selbst die Feigenbäume stehen hier oben gefälliger vor der Südwand als anderswo – dazu ein Blick vom Kirchplatz bis nach Italien. Soviel Anmut bleibt auch im hintersten Winkel nicht verborgen, auf dem Parkplatz unterhalb Verdasio steht auch mal ein älterer Jaguar, der länger parkiert. Zur Saison reicht der Parkplatz direkt oben am Schatzkästlein allerdings längst nicht aus – dann bleibt eigentlich nur die Alternative Wandern und Centovallibahnfahren!

Ristorante Al Pentolino (Daniele und Doris Blum), der «kleine Kochtopf» ist ein schmuck renoviertes Natursteinhaus mitten im Dorf, etwas oberhalb der Kirche. Geerdet, feine Regionalküche, mittags auch einfachere Angebote auf Granitstein; abends werden dann aufwendige 4- und 5 Gänger geboten. Kleiner Gastraum für ca. 20 Gäste und ♠ schattige Gartenterrasse unter der Pergola, immer reservieren. CH-6655

Starkregenspeicher – Staumauer an der Straße nach Palagnedra

Verdasio, Tel. 0041-(0)91-780 81 00, www.alpentolino.ch, RT Mo und Di, ab Ostern, im Winter geschl. Preise: mittel.

- **Auf der anderen Talseite, gegenüber Verdasio:** Der winzige Weiler *Rasa* (900 m) erhielt statt der Straße eine Seilbahn (aus dem Tal ab Stazione Verdasio, in der Saison alle 20 min, Fahrplan: www.centovalli.ch. Rasa ist eines der letzten Tessiner Dörfer ohne direkte Autozufahrt, von dort kurzer und schöner Weg nach Bordei (vgl. unten).

Sturzbach und Sonnenbalkon – Palagnedra und Bordei: Kurz vor der Landesgrenze, noch vor der Osteria Grütli in Càmedo (s.u.) zweigt von der Centovalli-Talstraße in spitzer Kehre ein Sträßchen nach Palagnedra ab. Zunächst führt die Straße aber zum Stausee runter. Das weit ins Tal reichende Ausgleichsbecken der Maggia-Kraftwerke dient als Speicher für die Extremniederschläge, die hier fallen können. Der kleine Grenzort **Càmedo** im Centovalli gilt als der niederschlagsreichste Ort in der Schweiz (2.255 mm im Jahresmittel, am 7. August 1978 wurde hier ein Rekordniederschlag von 318 Liter je Quadratmeter gemessen). Auslöser solcher Starkregen ist der Stau feuchter Luftmassen durch die bis 2.188 m hohe

Nicht selbstverständlich – Sonne über Palagnedra und Gridone

Gridone-Gruppe. Das Hochwasser riß damals Straßenbrükken mit, die eingeschlossene Bevölkerung, auch Feriengäste wurden über eine Luftbrücke versorgt. Solche Extremniederschläge sind in der Region nicht ganz ungewöhnlich. Der Ribo im Vergelettotal, in Trockenzeiten ein Rinnsal, stieg schon auf 20 Meter an. Baumstämme drückten die Eingangsgitter der Druckstollen im Stausee bei Palagnedra ein, kleine Hölzer rutschen durch und setzen die Turbinen der Zentrale Verbano (zwischen Ascona und Brissago) außer Betrieb.

Nach der Staumauer führt die schmale Straße in Haarnadelkurven weiter aufwärts, durch Kastanien- und Laubwälder bis zur nächsten, sonnigen Höhenstufe: Die *Wiesenterrassen* um das 120-Einwohner Dorf **Palagnedra** erscheinen nach dem jähen Anstieg zunächst überraschend flach, sie beginnen am Nordabhang der Corona dei Pinci auf gut 650 Meter Höhe.

Schon an der Auffahrt nach Palagnedra, im lichten Wald über dem Stausee gelegen, der *Grotto ai Serti*, nach Anmutung und Angebot allerdings keine Romantikinsel, sondern

Osteria
Bordei

ein eher ein üblicher Ausflugsgrotto in sommerfrischer Lage.

Eine kleine, stimmungsvolle Einkehr wartet dann weiter oben in Palagnedra, direkt am schönen Dorfplatz um die Pfarrkirche San Michele. Die einfache *Osteria del Ghiridone* ist Heimatmuseum und Osteria-Bar in einem, der richtige Platz für eine Etappe in einer der abgeschiedensten Siedlungen der Talschaft mit reizender Aus- der-Welt Stimmung, all dies keine Autoviertelstunde vom Talbetrieb entfernt.

In so weltferner Lage erstaunen vielleicht die generös dimensionierten Palazzi im Ort, sie sind – wie vergleichbare Bauten im Onsernone- und Maggiatal – erfolgreichen Migranten geschuldet. Auswanderungswellen nach Italien waren in vielen Tessiner Tälern vom 17. Jh. an üblich, Bürger Palagnedras fanden Arbeit in der Poebene und in der Toskana, einige als Boten und Köche sogar am Hof der Medici. Wer in der Fremde Fortune hatte, demonstrierte seinen Aufstieg nach der Rückkehr mit einem schmucken Eigenheim. Exemplarisch der Palazzo der Familie Mazzi mit auffallend dekorativen Malereien an der historischen Hausfassade (gleich am Ortseingang).

Bordei – Von Palagnedra führt eine schmale, mitunter recht exponierte Hangstraße rüber nach Bordei. Die Trasse verläuft zunächst hart am Fels des engen Val de Boschetto lang, dann in einen steilen Tobel mit zwei Wildbächen hinab, später dann knackig aufwärts zum Gemeindeparkplatz unmittelbar unterhalb von Bordei. Eine kurze, aber eindrucksvolle Route, die einem auch die extremen topographischen Gegebenheiten der Centovalli nahebringt. Die Parkfläche unterhalb von Bordei wurde vor Jahren schon vergrößert, den Wagen hier abstellen – Autos sind in den engen Gassen weder erwünscht noch dienlich.

Bordei – am Weg zum Gridone

Auch der Wenige-Häuser-Weiler Bordei liegt auf einer ansprechenden Terrasse in gut 700 Metern Höhe, darüber steil aufragend der 2180 m hohen *Gridone*, dessen Gipfel zugleich die Grenze zu Italien markiert. Die alten Steinhäuser Bordeis waren vor 30, 40 Jahren nahezu entvölkert, seit zwei Jahrzehnten kümmert sich die therapeutisch motivierte *Terra Vecchia*-Gemeinschaft um die historische Bausubstanz von Bordei. In die Vereinigung (mit zahlreichen Mitgliedern aus Bern) werden deviante und abhängige Jugendliche aufgenommen, nach dem Konzept eines alpinen Bootcamps: sinnvolle, auch harte körperliche Arbeit in der Gemeinschaft, statt Drogen und Wohlstandverwahrlosung.

Nach und nach konnten die verfallenden Häuser Bordeis erneuert werden; der lokale, schimmernde Gneis wird dabei vor allem für die wundervollen Steindächer verwendet, Holz stammt von Kastanien aus den umliegenden Wäldern. Auch die Kirche und die Osteria (vgl. unten) sind wieder in bemerkenswert gutem Zustand. Bordei ist ein stilles Kleinod ganz zuhinterst im Centovalli.

Außenposten über den Centovalli – Osteria Bordei

Ein älterer Tessiner Bauunternehmer erklärte die neuen sozialen Verhältnisse in Bordei pragmatisch verdichtet: „Da oben viele reiche Leut‘ – und Kinder mit viele Problemi. Überall so, wo viel Geld.“

Osteria BORDEI – Bordei. Ein Sonnenbalkon am Dorfeingang. Das mit Aufwand und Geschmack (unter Ägide der *Terra Vecchia* Gemeinschaft) renovierte Steingebäude stammt im ältesten Teil aus dem 16. Jahrhundert, wovon heute nicht mehr viel zu sehen ist. Im ersten Stock die schlicht-modern eingerichteten Zimmer (Holzdecken, Etagendusche), unten die gemütliche Gaststube mit Kamin sowie der Saal für kleinere Gruppen. Davor im Schatten des Walnußbaumes eine Terrasse mit Laubenstimmung. Lage und Ambiente sind somit hervorragend, dazu gibt es einfache, aber ausreichende Speisen im ländlichen Stil, etwa Ossobuco, hausgemachte Pasta, auch lokale Weine aus dem Maggiatal, die Küche legt Wert auf frische, regionale Produkte. Der Platz hat einen intensiven, natürlichen Charme, die

Letztes Gasthaus der Schweiz

entrückte Lage und die Sommerterrasse sind ein Doppel, das es so selbst im Tessin nicht oft gibt. Die kommode und preiswerte Übernachtungsmöglichkeit in den freundlich möblierten 6 Doppel- und 2 Einzelzimmern dürfte besonders für Tourengänger oder als Rückzugsort interessant sein. In der Summe ein reizvoller Außenposten.

Osteria Bordei, CH-6657 Palagnedra-Bordeii, Tel. 0041-91-780 80 05, www.bordei.ch. RT: Mo, Oktober bis März geschl., ♠ schöne Terrasse. Preise: im Restaurant mittel; Zimmer: preiswert.

Wanderung ab Palagnedra und Bordei: Wie öfter in entlegenen Regionen der Südalpen sind auch hier die Wandermarkierungen (auch die Eintragungen in den sonst zuverlässigen Schweizer Landeskarten) mit Vorsicht zu genießen, man entscheide nach Augenschein vor Ort, jedenfalls sind nicht alle eingetragenen Routen gangbar, manche Wege unterbrochen oder am Zuwachsen.

- **Das letzte Haus**: Und dann war da noch die *Osteria Grütli* in **Càmedo**, im letzten Dorf vor dem Zoll – 300 m vor der Grenze, 30 km bis Domodossola. Einfacher Gastraum, über der Straße eine lauschige Pergola. Ab 2012 übernimmt das Künstlerpaar Christa Hunziker und Roland Hächler die Leitung der Osteria. *Osteria Grütli*, CH-6659 Càmedo, www.osteria-gruetli.ch.

5 ▶ Valle Onsernone – Hart am Hang

Die mit Allradfahrzeugen gut versorgten Insassen unserer verkehrsberuhigten Wohnviertel finden in den Tessiner Tälern ein weites Feld. Serpentinen kurbeln, in Abgründe staunen, Treppenpfade steigen, Rasten auf sonnengewärmten Steinplatten. Zone 30 mag eine Kulturleistung sein, die Reisekostenrücktrittsversicherung auch. Um so richtig den Menschen in uns zu spüren, taugt Schrittgeschwindigkeit und Vollkasko aber nicht so recht. Im Valle Onsernone, dem wilden Bruder der Centovalli – wo Zelten verboten

Zwischen Himmel und Erde – Friedhof in Comolongo

und Großhotels deplatziert sind – sorgt schon die verwegene Trassenführung der einzigen Verbindungsstraße für angemessene Geschwindigkeit. Die Onsernonestraße wurde 1852 erbaut und sie ist bis heute eine Herausforderung: ab Cavigliano droht und lockt 30 Kilometer unkorrekter Fahr- und Kurvenspaß.

Die Dörfer des Onsernone kleben an der Sonnenflanke wie Schwalbennester, sie heißen *Loco, Mosogno, Russo* und *Comolongo*, aber eigentlich sind das keine Dörfer, sondern

Vesperplatz in Comologno, bei der Osteria Palazign

Widerstandsnester. Nach einem langem Winterschlaf blühen die Siedlungen im kurzen, heftigen Bergsommer auf, sie werden zu hängenden Balkonen – was durchaus wörtlich gemeint ist. Falls Sie je das Glück haben, an einem hellen Sommertag hierherzukommen – es wird einem schier schwindling vor Farbe und Intensität. Selbst die Naturstein-Stützmauern wirken wie Steingärten, die steilen Wanderwege sind hart aber gerecht, das Wasser staubt in silbern funkelnden Kaskaden zu Tal, unten im Flußbett Granitwannen mit türkisblau schimmerndem Wasser.

Schon auf der Anfahrt nach jeder Kurve ein neues Kapitel, mal dunkle Klamm, mal Pergolaheiterkeit. Die Route, längs der Sonnenseite des Onsernone Tal verlaufend, sorgt durch naturwüchsige Schikanen, respektive Schönheit für angemessene Geschwindigkeitsbegrenzung. Mal steil, mal eng, aber nie langweilig, immer wieder Haltestellen in den Dörfern hoch über dem Isorno.

Unter vielem anderen beachtlich, etwa auf halbem Weg, die schöne, alte Häusergruppe von **Russo**, mittendrin die

Klassische Haltestelle – Osteria della Posta, Russo

Osteria della Posta, hier unter den Säulenarkaden auf einen Cappuccino anhalten wäre keine schlechte Idee.

■ **Eine Info-Stelle** fürs gesamte Tal gibt es nun im ersten Talort **Aussio.** Derzeit ist es ein motivierter Ein-Frau-Betrieb, Di bis Fr 8.30 - 13 und 14.30 bis 18 Uhr, Sa, So und Feiertage 9 bis 13 und 14.30 bis 17 Uhr. Zudem wurde eine homepage zum Tal geschaltet: www.onsernone.ch. In den letzten Jahren haben im Onsernone Tal zudem einige **Bed&Breakfas**t Herbergen eröffnet, Info unter: www.bnb.ch

Panetteria-Pasticceria Philipona – CH-6661 Berzona, in Salei (Parken in der weiten Kurve und den schmalen Weg hochgehen), Tel. 0041-(0)91-797 19 29. Bereits kurz hinter Loco, gleich am Anfang von Berzona, die etwas versteckte, aber weitbekannte Bio-Bäckerei-Konditorei *Philipona*. Alain Philipona versorgt seine begeisterte Kundschaft mit hervorragendem Brot, Backwaren und Patisserie in bester Tessiner Tradition. „Hefe in Würfelform, wie man sie heute verwendet, gibt es erst seit 40, 50 Jahren. Früher wurde das Brot so wie bei uns gebacken, mit Sauerteig. Wir arbeiten so, weil mit dieser Methode unsere Produkte länger frisch bleiben – ohne chemische Zusätze. Wir sind im ganzen Tessin vielleicht noch 30, 40 Bäcker-Konditoren, die Panettone und Ostertauben, aber auch Brot noch auf diese Weise backen. Das ist der Sauerteig, die pasta madre".

30 Kilometer taleinwärts – im Valle Onsernone

Der Weg talaufwärts war natürlich nicht immer so bequem wie heute: Für die im Tal lebenden Handwerker war der beschwerliche Saumpfad von Loco über Pila nach Intragna bis lange ins 18. Jahrhundert der einzige Weg aus dem Onsernone in die Welt. Auf Saumpfaden wäre man wohl noch lange gelaufen, wenn die wohlhabende Familie Redonda nicht einen besseren Weg aus dem Pedemonte auf der Ostseite des Tals rauf nach Auressio finanziert hätte. Obwohl auch der zunächst nicht befahrbar war, mußten die Redonda tief in den Beutel greifen, der von Tuchgeschäften in Frankreich freilich gut gefüllt war. Als Hauptsponsor ist auch ein gewisser Remonda aus Comologno überliefert. Der «Remonda della Barca» soll mit dem Handel von Bergungsrechten gesunkener Schiffe zu Geld gekommen sein. Neben ihm ließen noch andere Auswanderer erstaunlich großbürgerliche Palazzi ins enge Tal setzen, sie hatten die Welt gesehen, Geld gemacht, ihr Tal aber nicht vergessen.

Kleinfamilie in Comologno, August 1897

Im Jahr 1849 verbindet dann eine Felsstraße die am Berg klebenden Dörfer bis nach Comologno, um 1890 wurde dann noch das oberste Dorf Spruga angehängt – noch heute fühlt man sich hier am Ende der Schweiz, mindestens.

Von Spruga führt dann noch ein Waldsträßchen (nicht für Kfz offen) zu den *Bagni di Craveggia*. Nach einem Lawinenabgang 1951 eine lange Jahre halbverfallene Thermalstation, unmittelbar an der Grenze (aber bereits auf italienischem Boden gelegen). Die Reste der Thermalbäder dort sind seit einigen Jahren wieder gesichert und zugänglich (vgl. unten). Noch heute erscheint die Trasse durchs Valle Onsernone als Straßenbau-Kunststück, sie wird laufend verbessert und verbreitert, geflickt und aufwendig unterhalten.

Comologno – Weit, sehr weit hinten im Tal der Granitstein-Weiler Comologno: 100 ständige Einwohner auf 1085 Metern. Das zweitoberste Dorf im Tal überrascht mit durchaus stattlichen Bürgerhäusern und gleich mehreren Palazzi. Die konnten auch zur Blütezeit der Strohverarbeitung im Val-

Vom Palast zum Dorfhotel – Palazzo Gamboni, Comolongo

le Onsernone nicht allein durch Flechtarbeiten finanziert werden. Auf kleinen Äckern angepflanzt, wurde der Roggen – noch nicht ganz reif, aber weich und geschmeidig – geerntet und auf charakteristischen Holzlauben, den *Lobbien*, zum Trocknen aufgehängt. Frauen, Kinder und Greise flochten kilometerlange Strohzöpfe, aus denen Hüte, Taschen und Körbe wurden. Als die Manufakturware durch englische Konkurrenz verdrängt wurde, mußten viele Familien auswandern. Ein Bruchteil schaffte es vom Strohflechter zum Geschäftsmann. Nach Hause zurückgekehrt, entstanden dann jene Ruhesitze und Repräsentationsbauten im Tal, deren Architektur mit der eigentlichen landwirtschaftlichen Basis wenig gemein hat. Aber das ist ja typisch Schweiz: Palazzo neben Kuhstall.

Emblematisch für die großbürgerliche Komponente in Comolognos Geschichte ist der *Palazzo della Barca*. Der Palast oberhalb der Kirche kann zudem mit bekannten Namen aus der jüngeren Geistesgeschichte aufwarten. Die Erbauer kamen – wie andere aus dem Tal – mit Spekulationen auf überfällige Schiffe zu Geld, ein Remonda wanderte im 18. Jahrhundert nach Frankreich aus und hatte Glück, seine Schiffswette ging auf, das gewonnene Kapital vermehrte er darauf im Seidenhandel. Bald war genug zusammen, um in der Heimat einen repräsentativen Alterssitz zu bauen, den Palazzo della Barca, *die Barca* genannt. Mit dem Geld von Auswanderern entstanden weitere Palazzi im Ort, darunter auch der *Palazzo Gamboni* neben der Barca (heute ein kleines Hotel, vgl. unten), ebenfalls im 18. Jahrhundert erbaut.

Im Jahr 1929 wurde die Barca von dem russischen Juden WLADIMIR ROSENBAUM, einem Staranwalt aus Zürich, und seiner großbürgerlichen Frau, der Dichterin ALINE VALANGIN (1889-1985), erworben. Das unkonventionell orientierte Paar führte nicht nur in Zürich, sondern auch hier, am einem stilleren Ende der Welt, ein offenes Haus. Für Künstler, Literaten und anders Bewegte war der entlegen-markante Ort, während der 30er Jahre Bühne, Sanatorium und Exil zugleich. Die geistige Welt Zürichs traf sich in der Barca, inklusive der in diesen Kreisen standesgemäßen Irrungen und Wirrungen: Tucholsky was here – übergewichtig, gefräßig, aber selten glücklich, obwohl er „zweimal täglich Anzug und Hemd wechselte“ oder auch mal 120 Taschentücher bügeln ließ, wie das Autorenpaar Bauer/Frischknecht in seinem literarischen Wanderbuch *Das Klappern der Zoccoli* darlegt. (Der Palazzo *La Barca* ist heute Sommerresidenz einer Berner Familie, deren Wurzeln im Onsernonetal liegen; das Haus ist nicht zu besichtigen.)

Lektüre: *Dorf an der Grenze,* Aline Valangin. *Bäderfahrten,* von Ursula Bauer und Jörg Frischknecht, ROTPUNKT Verlag, Zürich. Mit einem langen, spannenden und dichten Kapitel über das Valle Onsernone, Comologno und die Bagni dei Craveggia.

Ein weiteres Kapitel über die Barca und das Onsernone Tal (und zahlreiche lit. Schmuckstücke über das Tessin) im Literarischen Wanderführer von Beat Hächler (Hrsg.) *Das Klappern der Zoccoli*, ebenfalls im ROTPUNKT Verlag, Zürich.

- **Lokalmuseum in Loco,** Ausstellungen: www.onsernone.ch

Der Treff im Ort – Osteria Palazign, Comologno

Osteria PALAZIGN – Comologno. Exponiert, gleich am Ortseingang die kleine Osteria Palazign, zweifellos ein Glücksfall. Der Gunstfleck wurde vor Jahren auf Initiative der lokalen Bürgergemeinde (Patriziato) geschaffen, wie das Hotel im Palazzo Gamboni gleich nebenan (auch die Renovierung der Alpe Salei ist eine Initiative der Bürgergemeinde, vgl. unten). Die Bürger des Tals haben hier einen vitalen Treffpunkt statt noch so einer zugekitschten Alibiheimatstube geschaffen. Die geschmackvoll renovierte Osteria gehört zu den angenehmeren Bergeinkehren: draußen Granittische und Talblick, drinnen Neststimmung und einfache, aber aufrichtige Küche (zugleich Pensionsküche für die Gäste im Palazzo Gamboni). Das Gemüse stammt vom Biobauern aus dem Tal, es wird einfach, aber frisch gekocht, der Käse ist von der Alpe nebenan. Die Gäste kommen von weither, aber auch nur auf ein Bier nach dem Stall, nicht selten sitzt Rita und Franco Remonda am Tisch, die Promotoren der Idee Comologno. Das Foto drinnen an der

Gemütlich und redlich – Osteria Al Palazign, Comologno

Wand, ein signiertes Portrait von Che Guevara, stammt von einem Freund des Hauses, vom Magnum-Fotografen René Burri, der vor einigen Jahren im Hotel seine Hochzeit feierte. Ins Gesamtgefüge der Initiative paßt die Wirtin mit anstekkender Herzlichkeit. Gratulation, weiter so!

Osteria Al Palazign, Tel. 0041-(0)91-797 20 68, www.palazzogamboni.ch. ♠ kleine Terrasse mit großem Talblick.

PALAZZO GAMBONI – Comologno. Vom alten Palast zum Dorfhotel, oder so: Konversion im Valle Onsernone. Auch hier wurde auf Initiative der Bürgergemeinde aus einem Palazzo ein Treffpunkt (Foto S. 83). Fünf Zimmer, zwei davon mit dem historischen Originalinventar aus dem 18. Jahrhundert möbliert, drei im rückwärtigen Gebäudeteil neu und funktional. Dezidiert familiäre Stimmung, gutes Frühstück und zum zweitenmal am Ort, anstelle eines Alibiprojektes, eine Gemeinde, die eine gute Stube öffnet, „um Horizonte für beide Seiten zu erweitern", wie es im Hausprospekt heißt. Offenbar ist im 120 Einwohner-Ort Comologno mehr

Historisch und gediegen: Zimmer im Palazzo Gamboni, Comologno

touristischer Wille versammelt als in mancher Expertenrunde, die Gastfreundschaft mit Power-Point-Meetings verwechselt.

Palazzo Gamboni, CH-6663 Comologno. Tel. 0041-91-780 60 09, Fax 0041-91-781 60 10; www.palazzogamboni.ch. Im älteren Gebäudeteil die beiden historischen Zimmer (Dusche/WC ein paar Schritte entfernt im neuen Anbau), im renovierten rückwärtigen Teil drei neue Zimmer (ohne nennenswerte Sicht, mit Dusche/WC; sowie Whirlpool ein Stock tiefer). Halbpension in der **Osteria Palazign** nebenan möglich (und definitiv empfohlen, es gibt auch keine Alternative im Ort). Sauna im Haus. Preise: mittel bis gehoben.

Wandern – Schauen – Ausflüge: Vom Onsernone Tal aus bieten sich einige (alpine) Tourenmöglichkeiten an. Die Hauptwege zu den Alpen, Feriensiedlungen und Wochenendhütten der Neorurali sind in der Regel gut markiert, abseits der Hauptrouten, vor allem im Grenzgebiet zu Italien, werden die Auswirkungen von Unwettern, die immer wieder Wege und Brücken zerstören, nicht umgehend beseitigt.

Wandern – von Comologno z.B. auf die bewirtete *Alpe Salei* (1 777 m), die Alpe (mit Lager, Alpkäse) ist ebenfalls ein Projekt des Patriziato von Comologno. Zur Alpe kommt man seit Juni 2001 auch per Seilbahn aus dem *Vergeletto-Tal*, ein ruhiges Seitental des Valle Onsernone, Abzweigung der Straße auf der Brücke zwischen Russo und Crana. Dann zunächst steile Bergfahrt bis zum Weiler Vergeletto (905 m, Laden, auch dort Zimmer), später dann weniger ansteigend und flach, zeitweise auch monoton dem Riboufer folgend bis zur Seilbahnstation bei der Locanda Zott.

Maismehl aus dem Onsernone: In Vergeletto wurde die alte Kornmühle restauriert, in der (und in einer Mühle in Loco) wird nun dank einer Initiative zur Förderung lokaler Strukturen wieder Farina bona, das traditionelle geröstete, glutenfreie Maismehl produziert (Details und Rezepte: www.farinabona.ch), Verkauf vor Ort und im Museum Loco.

Pizzeria Locanda Zott, im oberen Vergelettotal. 6646 Vergeletto, Tel. 0041-(0)91 780 60 87, www.locandazott.com; einfache, preiswerte Zimmer, Terrasse. Rustikal-montaner Ausgangspunkt für Bergtouren, das schmucklose Haus liegt in ebensolcher Talumgebung an der Seilbahn zur Alpe Salei (auf 1 777 m).

In Spruga, im letzten Ort des Onsernone-Tals gibt es eine einfache Osteria (mit Laden, ohne Unterkunft) und die preiswerte Gruppenunterkunft *Ostello Al Capelan* (ebenfalls vom Patriziato betrieben, auch für Einzelreisende offen, mit Küchenbenutzung). Kontakt über Wilma Gamboni: Tel. 091-797 12 27, oder mobil: 078-638 11 41.

Bagni di Craveggia. Von Spruga ist es dann noch ca. 1 h (zu Fuß auf gutem, befestigtem Fahrweg) bis zu den Bagni di Craveggia. Die ehemalige Thermalstation auf 977 m Höhe liegt unmittelbar am Isorno-Ufer, an der Landesgrenze – nach der Grenzziehung von 1806 aber auf der italienischen Seite des Ufers. Der Isorno wird in diesem Abschnitt treffend «Rio di Bagni» genannt, der Fluß kann bei den Bädern gequert werden (nur bei Niedrigwasser).

Die ehemaligen Badeanlagen, aber auch das Flußufer mit den zahlreichen Felspools und Badestellen sind im Sommer ein beliebtes, in der Ferienzeit mitunter auch munter besuchtes Ausflugsziel. Eine geplante neue, sichere Brücke über den Fluß dürfte es mittlerweile wenig weiter flußabwärts geben, ein weiterer Übergang besteht auch ca. eine

Am Hang – unterwegs zwischen Comologno und Spruga

halbe Stunde flußaufwärts der Bagni, dort auch ein Wasserfall und diverse Badegumpen im Flußbett.

Die Quellen der Bagni werden seit dem 14. Jahrhundert in Urkunden als «Aquacalda» erwähnt, Quelltemperatur 28 Grad Celsius, Schüttung derzeit (nach diversen Unwettern) angeblich nur noch wenige Liter/Minute.

Erste Badegebäude entstanden bereits zwischen 1818 und 1823, das traditionsreiche Kurhaus (erb. 1881) wurde 1951 von einer Lawine mitgerissen, 1986 zerstörte eine weitere Lawine, wieder von der Schweizer Seite kommend, die Gebäudereste bis auf den heute noch sichtbaren Rest. Die Gebäudeteile – darunter auch der Wasserspeicher und die Wannenbäder – verfielen zunächst, geplante Renovierungsvorhaben der Thermalstation wurden nie verwirklicht. Erst nach der Jahrtausendwende wurden die verbliebenen Badruinen mit beachtlichem Aufwand gesichert; so können die Wannenbäder aus dem 19. Jahrhundert ohne Einsturzgefahr besichtigen (und genutzt) werden – sofern man über den Isorno kommt.

Lago Maggiore

Noch einmal darf in südlich' Land
Ich Nordgeborner wallen,
Vertauschen meine Felsenwand
Mit weißen Marmorhallen.
C. F. Meyer

Eineinhalb Jahrhunderte Sehnsuchtstourismus haben ihre Folgen, einerseits. Andererseits wirkt das Land am See bis heute ästhetischer als eine dieser Mittelmeerküsten, die nach dreißig Jahren Saisontourismus die Hoffnungslosigkeit eines Braunkohlekombinats ausstrahlen.

Der Lago bleibt ein Klassiker. Ein Landstrich, der seit eh und je zur Prachtentfaltung animiert, ja provoziert. Die Hotels, Villen und Gärten am See sind Legende: Von Villa Amalia über die Villa Mondadori bis zur bis Villa Teresita eines Carlo Bugatti. Die Seevillen des 19. Jahrhunderts erinnern in ihrem

Entschleunigte Überfahrt – Kurs auf die Borromeischen Inseln

demonstrativen Luxus an die später folgende Yachtmanie des 20. und 21. Jahrhunderts: größer, länger, teurer. Also baute man Pfauengehege in Privatparks, turnhallengroße Veranden, Gazebos über dem Ufer für den fünf Uhr Tee. Im späten 19. Jahrhundert drang mit der Eröffnung der Simplon Bahn das Wort *il Kursaal* bis an den Lago Maggiore vor.

Sinnenoffene Menschen werden auch nach 50 Jahren Intensivtourismus noch besondere Momente am See finden. Das Ausbrechen der Kamelienblüte, der schier flächendekkende Jasminduft im Frühsommer, ein paar Schritte weiter der morbide-schwüle Dunst der immergrünen Magnolia Grandiflora, ein Duft im Irgendwo zwischen Vanille und Verwesung, was ganz gut zu mancher Villa am See paßt.

Vom alt gewordenen Zuckerbäcker-Hotel in Stresa bis zur kleinen Familienpension über Oggebbio, von der Gelatipromenade bis zur tobenden Klamm, vom Rheumadeckentourismus bis zum exklusiven Versteck – alles noch vorhanden.

Ein See, zwei Länder

- Nur ein Fünftel der Seefläche gehört zur Schweiz, der große Rest zu Italien. Der Lago Maggiore heißt in der Schweiz «Langensee» und der Tessiner Langensee ist anders als Italiens «Lago Maggiore». Er schmeckt auch anders:

- Während CH-Grotti mehr und mehr zu Folklorestationen mutieren, überzeugt der I-Agriturismo mit authentischen Speisen und Preiswürdigkeit. In Italien hat man trotz Berlusconi und Euro das Lachen noch nicht verlernt.

- Manches in Ufernähe wirkt standardisiert und durchschnittlichen Touristenwünschen angepaßt. In Cannobio gilt zudem eine ähnlich rigide Parkordnung wie in Locarno.

An der Ostküste, oberhalb Maccagno

Mit jedem Kilometer nach Süden steigt der Italienfaktor. Um *Angera* und *Arona*, sind die Dinge wieder im Lot: Schiefertafel statt viersprachiger Karte in Klarsichtfolie.

Ein See, zwei Küsten

- Das Piemonteser Westufer mit *Cannobio, Verbania* und *Stresa* ist die pittoreskere, lieblichere Seite, sie wird auch die «fette Küste» genannt. Mehr touristische Infrastruktur, mehr Cabrio- und Motorradumtrieb, öfter Stau.

- Das Lombardische Ostufer ist im Norden herb, eine «magere Küste». Ein paar Magnolien, viele Kastanien, wenig Palmen. Die Küstenstraße runter nach *Laveno* verläuft – mit

Das gute Ende der Ostküste – Ranco und Angera

großartigem Blick auf die «fette Seite» – hart am Fels. Schattenseite – Rhododendrenland. Zur heiteren Sonnenseite wird die Ostküste erst südlich Laveno, wo die Berge zu Hügeln werden.

Ein See, zwei Kulturen

- So wichtig wie der Unterschied zwischen West- und Ostküste ist der touristische Wandel nach Süden. **Faustregel:** Im Norden mehr internationaler Tourismus mit den entsprechenden Folgen, mehr Pizzeria als Osteria. Im Süden dominiert ein eher italienisch geprägter Binnentourismus mit Gästen aus den Zentren der Poebene.

- Südlich einer Linie *Stresa-Laveno* nimmt der landschaftliche Reiz zwar ab, aber dafür steigt die «kulinarische Attraktion». Etwa um *Arona* und *Angera* und vor allem im Piemonteser Hinterland, wo zwischen Autobahn und Seeufer einige Möglichkeiten in den Hügeln warten. Dort wird noch

für italienische Gäste gekocht und nicht für touristische Eintagsfliegen.

- Am südlichen, unteren Seebecken zwischen *Arona* und *Sesto Calende* ist wenig freies Land, sondern ein Geschlinge aus Verkehr, Einkaufszentren und Outlets.

Der unterschätzte Lago Maggiore

- Der südliche Teil der Ostküste gehört zu den touristisch unterschätzten Gebieten: auch wenn es südlich *Laveno* an landschaftlichem Reiz fehlt, die Region gewinnt dort an kulinarischer und sozialer Attraktion.

- Die Küste um *Calde-Castelveccana, Ispra,* vor allem die reizvolle Halbinsel zwischen *Ranco* und *Angera* bieten sommerfrische und wintersonnige Plätze mit unaufgeregtem Tourismus, der sich von den Sandalenpromenaden im Norden unterscheidet. Die Küste zwischen Laveno, Angera und Ranco zählt zu den reizvollsten Partien am Lago.

6 ▶ Lago Maggiore – Schweizer Küste

„Durch gläserne, lautlose Flügeltüren floß man sanft in eine riesige Halle wie in ein luxuriöses Aquarium." Auf den Spuren Hermann Hesses ist das Betreten eines Tessiner Grand Hotels noch immer ein Vergnügen. Aber was würde Hesse heute über die Sicherheitsverwahrung von Pensionären in Luxus-Appartementblöcken schreiben. Oder zur Strecke von Ascona nach Brissago, wo man via Designer-Hausaufzug lautlos zur Villa am Seeufer hinabgleitet und ein unverbautes Panorama auf die Brissago-Inseln genießt, bei Bedarf

Frühling in Locarno Monti

durch schalldichte Dreifachverglasung. Vermutlich würde Hesse am Schweizer Ufer des Lago gar nichts mehr schreiben. Auf der Flucht schreibt man nicht.

Von der Seeseite aus gesehen, kommt einem das Schweizer Ufer des Lago Maggiore wie ein Terrarium vor: die Sonnenplätze sind bis in die Felsen hinein dicht besetzt. Das Kapital hat sich festgekrallt, der Stärkere lebt im noblen Winkel, der hier meist „sopra“ heißt.

Gemischtes Doppel in Locarno – Löwenbräu und Credit Suisse

Locarno ist Verkehrsknoten, Freizeitpark und Seniorenwinkel in einem. Die Vico-Torriani-Stimmung von einst ist freilich längst einem geschäftigen Dauerbrummen gewichen. Wer nach ein paar ruhigen Tourentagen in der Tessiner Bergwelt unvermittelt in den Strudel am See gerät, wird Fluchtreflexe spüren. Näher als auf der Piazza Grande kommen sich Löwenbräu, Palmwedel und Credit Suisse selten. Eine Oase ist Locarno längst nicht mehr, ist die ganze CH-Hochleistungs-Uferregion bis runter nach Italien nicht.

Immerhin die sechs Kilometer lange Tunnelumfahrung erlaubt einen zügigen Transit, wer Locarno nicht will, fährt einfach unten durch. Ähnlich Ascona: früher mußte man mitten durch, in einer trägen Endlosschlange vorbei an den Straßencafes am Hafenplatz. Heute muß man da hinwollen – und erst mal reinfinden.

Und wie war das noch mit dem Asconagefühl? Die sonnengelben Tischdecken mit den verchromten Halteringen liegen fast rund ums Jahr auf den Gehsteigtischen. Wenn nördlich des Gotthard Nebel ziehen, reicht die Sonne As-

Reinstes Asconagefühl – Aromat auf gelber Tischdecke

conas oft noch für ein Caféstündchen an der autofreien Seepromenade.

Als der Opel noch Ascona hieß: Etwas vom Geist der alten Zeit überdauert in den letzten Antiquariaten Asconas, in denen bis heute mit Resten der Monte Verità Legenden gehandelt wird. Bewegte Söhne und Töchter aus gutem Hause, fanden damals esoterisch angekränkelt oder auch nur der großbürgerlichen Pflichten überdrüssig, auf dem *Monte Verità* oberhalb Ascona ihr Traumrevier. Auf dem Hügel am See entstand ein Gomera des frühen 20. Jahrhunderts, später dann Hesse in Montagnola, Hauptmann in Rovio. Danach die immer gleiche Geschichte. Literaten schwärmen, Touristen kommen, Appartements wachsen.

Zurück auf die Bühne am See, auf Asconas *Piazza G. Motta:* Hier kommt es zum Stelldichein von altem Geld und neuen Erben, Ausländer bedienen Ausländer, die Älteren tragen gerne Bequemschuhe und erinnern an eine Zeit, als ein Opel noch *Ascona* hieß. Für die Moderne sorgt nun ein deutscher

Investor, der Ascona seit ein paar Jahren mit Trendgastronomie beglückt, aufmischt, aufweckt, je nach Sichtweise. *Ristorante Seven* (mit einer Lounge direkt am Hafen), *La Cambüsa, Easy* und *Asia* heißen die heftig durchgestylten Projekte, das Versprechen: „Eine zeitgemäße, urbane Alternative zu den eher traditionellen Lokalen, die das Bild von Ascona sonst prägen. Kosmopolitisch, aufgeschlossen und jung." Ein gastronomische Alternative zu all den betagten, mitunter auch verharzten Hochpreisinseln kann in Ascona gewiß nicht schaden.

Wobei Asconas Retro-Charme durchaus historisch ist, schon 1985 mokiert sich ein gewisser *Herbert Hartmann* in einem Bildband über die „mit Kunstschätzen angereicherten Villen an den Abhängen des Monte Verità, hinter Mauern und schmiedeeisernen Gittern inmitten wohlgepflegter Gärten". So bleibt uns Vagabunden ohne Dritthaus nur ein Trost: irgendwann kommt ein Treppenlift auch in die schönste Villa. Außerdem sind alte Männer in rosa Hemden, die sich in flache Ferraris gleiten lassen, keine Augenweide. Und jetzt zum letzten mal ein böser Blick, schon in den 50er Jahren fremdelte ein gewisser Friedrich Schnack:

„Wie uniform werden doch all diese hübschen Gestade, Locarno scheint den fremden Zuschub stärker eingeschmolzen zu haben als Ascona. Der mondäne Betrieb vor dieser Landschaft ist lächerlich," Herrn Schnacks Wahrnehmung gilt bis heute, allerdings auch sein Trost: *„Unberührt und unbestohlen blieb die wunderbare Lage".*

Ein Bild aus alten Zeiten – Merlot im großen Gebinde

Kleine Anleitung zum Glücklichsein: Gotthardstau und Radarfallen hinter sich lassen, in Locarno-Muralto, also noch vor der Tunnelumfahrung Locarnos, Kontakt zum See suchen. Ankunft idealerweise zur Mittagszeit. Am Bahnhof zügig runter zur Seepromenade an der Viale Verbano. Parken. Die Pastafallen am Lungolago meiden, den versteckten Treppenweg Vicolo dei Chiara zwischen Bahngleis und Seeufer zur *Osteria Chiara* raufgehen. Ankommen.

Osteria CHIARA – Muralto. Die Granittische auf der Terrasse stehen im Schatten einer berankten Pergola, auf der Tafel als Tagesempfehlung ein kleines Mittagsmenü, das seit Jahren um 29 Schweizer Franken angeboten wird, zum Beispiel gemischte Vorspeisen nach Tessiner Art und danach ein „Saltimbocca alla romana con il suo risotto". Wir sind zwar in einer Tessiner Osteria, gekocht und serviert wird aber wie in Italien. Von dort kommen die Wirtsleute und somit gibt es auch nach nun 20 Gastgeberjahren im Tessin keine „Fondor Streuwürze" auf dem Tisch, son-

Wunder gibt es immer wieder – Osteria Chiara, Locarno-Muralto

dern Essig und Öl, vorab kommen drei Sorten Brot. Dunkles Brot, das nach dunklem Brot schmeckt, gutes Olivenbrot, Weißbrot. Im Service agiert Luciano Puspan so souverän und kultiviert, als wäre man Gast in einer privaten Villa. Serviert wird so ähnlich, ein Küche für Gleichgesinnte. Hier wird nicht demonstriert und drapiert, sondern unprätentiös und aufrichtig gekocht, etwa „Scaloppini al limone mit Fenchel". Pastagänge gibt es auch als kleine Portion zu vergleichsweise moderaten Preisen. Ein Abendmenü könnte so aussehen: „Gamberoni mit Risotto, Wolfsbarsch und Doradenfilet alla mediterranea oder ein Kalbskottelet, danach Panna cotta (Menü abends um 75.- SFr).

Allein die Schweizer Kalkulation der potentiell verlokkenden Weinkarte dämpft eine eventuell aufkommende Disziplinlosigkeit des Gastes. „Für den, der erstmals ins Tessin kommt, kann jeder Tag ein Wunder werden", heißt es in einem alten Reiseführer. Wäre nur anzufügen: Wunder gibt es immer wieder. Auch in Locarno, nahe der Seemeile, wo man keine kulinarischen Glanzleistungen erwartet. Wer

Alles gut gemacht – Luciano Puspan, Osteria Chiara

nach dem Pranzo eine kleine Auszeit braucht, der nur zwei Minuten entfernte See lockt im Sommer zum Bade. Gesamturteil: kein Seeblick, aber sattes Tessingefühl – und ein idealer Einstieg, besser wird's nimmerdar an der helvetischen Küste. Kleine, stimmungssatte Terrasse mit Steintischen unter der Pergola.

Osteria Chiara (Luciano Puspan), CH-6600 Locarno-Muralto, Vicolo dei Chiara 1 (folgen Sie dem Osteria-Schild beim Albergo Rivabella), Tel. 0041-91-743.32.96, www.osteriachiara.ch. Geöffnet von Di bis Sa 9-14 Uhr und 19-24 Uhr, RT: So und Mo. ♠ Kleine Terrasse. Der freundliche Wirt Paolo Colombo spricht gut deutsch. Preise: mittel.

Auf der Seepromenade zwischen Muralto und Minusio beginnt einer der prächtigeren Flanierabschnitte am Lungolago: Der Blick auf Palmen und Kirchturm San Quirico ist idealtypisch Lago Maggiore. Der besenreine Zustand der Strandpromenade, leger geschnittenes Mischgewebe und wenig später der eine oder andere Sechszylinder vor einer Villa mit Seeanstoss sorgen für Südschweizer Optik. Im weiteren Verlauf wird Minusios Uferpromenade zunächst

Mehr Tessin geht nicht – Kirchturm San Quirico, Locarno-Minusio

verkehrsfrei, später zur Mischung aus seniorengerechtem Laufsteg und Liegewiese am See, zahlreiche Stellen zum Verweilen, Schauen und freien Denken.

Attentione Piazza Grande: Ganz anders als an der heiteren Seepromenade wirkt Locarno innerstädtisch, wo man schnell vom allgemeinen Auftrieb verschluckt wird. Auch um die Piazza Grande ist die Individualität der Gesten und Waren längst von allgemeinen Freizeitgeschiebe glattgeschliffen. „Während der Platz nach dem See offen ist, wird er auf der Landseite durch Hallen abgeschlossen." Adolf Schulten, einer aus der Legion der Lago-Verehrer, lobte einst den halbkreisförmigen Schwung der Portiken, ebenso die kleinen Höker mit den hübschen Sachen. Wenn Schulten heute unterwegs wäre, würde ihn der Anblick der Bogengänge eher Schrecken. Unter den Portiken globale Aktionsware, pünktlich um zwölf nehmen Senioren unter bunten Sonnenschirmen Platz und essen weich gekochte Nudelgerichte aus großen, tiefen Tellern. Wenig später kommt das Bimmel-

Locarno, Altstadt

bähnle, abends werden die Hausfronten mit bonbonfarbigem Licht angestrahlt – *Piazza multicolore.*

Etwas mehr Stimmung in der Via del Motta, die vom Ende der Hallen an der Piazza Grande beim Albergo dell' Angelo mäßig idyllisch in die Oberstadt und zur Piazza S. Antonio führt. An der Via della Motta Laden an Laden, dazu einige Restaurants, wie die oft besungene *Casa del Popolo* und *Il Boccalino.*

Botanische Ikonen: *Parco Delle Camelie* (via Respini, zwischen der via Lanca degli Stronazzi und dem Strandbad s.u.). Die Lage in der Seelandschaft beim Maggiadelta ist für Kamelien ideal: die Temperaturen im Winter nicht zu eisig wegen der Seenähe, im Sommer nicht zu heiß durch den Schatten der hochstämmigen Pappeln und Eichen, zudem herrscht rund ums Jahr die optimale Luftfeuchtigkeit. Der 5000 Quadratmeter große Kamelienpark mit 900 Kameliensorten ist das ganze Jahr über geöffnet (tägl. 9 bis 17 Uhr) – am schönsten im März und April, wenn die meisten der Kamelien blühen.

Pünktlich zu Saisonbeginn – Kamelienschau in Locarno

■ **Alljährliche Kamelienschau** Ende März (mit mehr als 300 ausgestellten Sorten), Konzerte, Kamelienmarkt etc. Bustransfer vom Bahnhof Locarno aus. Auskünfte: Ente Turistico Lago Maggiore, www.camelia.ch

Bagno popolare: Strandbad beim Campingplatz am Maggiadelta (via Respini). Großer Naturstrand mit Bistro, Umkleidekabinen, Duschen etc. Falls gerade keine kreischende Kindergartenklasse zu Besuch ist, ein beschaulicher und angenehmer Platz – und alles für ein paar Franken. Die Schweiz ist eben doch ein Sozialstaat! Auf der italienischen Seite wird für einen Badefleck am handtuchbreiten Kiesstrand unterhalb der Seestraße schon mal das Dreifache verlangt, Tel. 0041-(0)91-752 12 95.

Unterkommen in Locarno und Locarno Monti: Hotels und Restaurants, soweit am See gelegen, sind nobel und entsprechend gepreist. Wer nahe am See logieren möchte, findet in Italien eine ungleich größere Auswahl zu günstigerem Preis. Falls es Schweiz, Blick und Komfort am Stück sein muß: In schöner Hanglage oder direkt am Seeufer finden sich einige Häuser in Locarno, Ascona und weiter Richtung Ronco/Brissago, den billigen Geheimtip haben wir aber nicht. Ab

Villa India in Locarno Monti

Mitte Oktober, spätestens Anfang November schließen die meisten Hotels am See, Saisonbeginn dann vor Ostern.

Eine Empfehlungen wäre das höher gelegen Locarno Monti, wo zwei Pensionen reizvolle Möglichkeiten für all jene bieten, die in parkumgebener Villenlage abseits des städtischen Trubels unterkommen möchten. Die Zukunft der nostalgischen *Villa India* ist derzeit aber ungewiß, das *Bed&Breakfast Casa Locarno* bleibt aber ein sicher Tip.

Lange Jahre war die verwunschene Villa India an der Via ai Monti eine charmante Bleibe: eine patinierte Villa mit 16 Gästezimmern im gepflegten Palmengarten, dazu Traumsicht auf Stadt und See. Entspannte Atmosphäre ohne infantil lärmende Wandergruppen. Leserstimme: „wie geschaffen für einen verträumten Zweier-Urlaub mit Rotwein, Oliven und Salami bei herrlicher Abendstimmung über Locarno." Bei dem reizvollen Ambiente und der außerordentlichen Lage fast konsequent: Villa India hatte fast ausschließlich Stammgäste, welche die Vorzüge des Kleinods schätzten – vielleicht wird der Gunstplatz wiederbelebt. *Villa India*,

Früher Kurhaus, heute Bed&Breakfast: Casa Locarno

Via ai Monti d. Trinità (direkt an einer engen Kehre), 6600 Locarno-Monti.

B & B CASA LOCARNO – Locarno Monti. Seit einigen Jahren schon wird die 1923 erbaute Casa Locarno von einer engagierten Familie im Bed&Breakfast-Stil betrieben – gerade auch in der Schweiz ein immer beliebteres Format, wenn es um bezahlbare Unterkünfte geht. Die stattlich-klassische Fassade der Casa Locarno mit Säulenloggia und großen Balkonen erinnert noch an die ehemalige Funktion als Winter-Kurhaus. Erhaben die Lage auf 400 m mit traumhaftem Blick über Locarno und auf die Berge. Zur Liegenschaft paßt der großzügige Park mit Terrasse, Pergola und Liegestühlen. Kein Verkehrsgeräusch stört – die Casa liegt in einer kleinen ruhigen Seitenstraße nur fünf Minuten von der Wallfahrtskirche Madonna del Sasso und somit auch unweit der Cardada-Seilbahnstation und der Bergstation des Funicolare. Der bringt die Gäste autofrei runter ins Stadtzentrum (Locarno-Runden zu Fuß sind also kein Problem).

Große Frühstücksterrasse. Die Zimmer – mit historischem Mobiliar haben alle ein eigenes Badezimmer direkt gegenüber. Im neueren Anbau eine Ferienwohnung.

B&B Casa Locarno (Eva & Markus Erny-Altmann), Via Zoppi 1, CH-6605 Locarno-Monti. Wer ohne Auto unterwegs ist, nimmt von Locarno aus die Seilbahn oder den Bus 32, Direktion Brione via Monti, Halt in Monti Posta. Tel. 0041-(0)91 751 51 45, evamar@bluewin.ch, www.bnb.ch; 5 Zimmer und ein Appartement. Internet im Frühstücksraum; eigene Küche/Essraum auf Anfrage. Park mit Terrasse. Das Haus ist sehr beliebt und während der Ferien lange im Voraus gebucht.

- Die professionelle homepage der **Schweizer Bed&Breakfast** Vereinigung informiert über zahlreiche Alternativen am See, mit direkter online-Buchungsmöglichkeit: www.bnb.ch.

Zwischen schläfrig und aufgeweckt – Ascona

Ascona, Lungolago und Piazza

Manchmal wirkt downtown Ascona mit seiner Postkarten-Piazza, den engen Gassen, dem biederen Ausflugspublikum und den müden Lokalitäten wie ein alt gewordener Kurort. Wandert der Blick dann am Hafen entlang zum Restaurant Seven und den Clubsesseln der Sea Lounge unten an der Kaimauer, wirkt der Ort zumindest punktuell ganz ausgeschlafen.

Zwischen Drehorgelspieler auf der Piazza, Touristenbelustigung dank Bimmelbähnle und Trendeinkehr in Designlokalen namens *Easy* und *Asia*, wäre alles drin in der alten Wundertüte am See. Und Spezialitäten-Läden wie die Panetteria-Pasticceria *Pinotti* oder die *Casa del Gusto* wirken ohnehin generationenübergreifend anziehend.

Sea Lounge und Gusto hin oder her, einer der besten Plät-

Ascona 2012 – Polstermöbel an der Kaimauer (Sea Lounge)

ze in der ersten Reihe an der Piazza ist immer noch die Hotelterrasse vom *Schiff* (Albergo Batello), ein schier unverwüstlicher Standort.

Gleich ob Vorsaison oder Hochbetrieb, zur Piazza treibt es einen ohnehin und von der großen Uferbühne aus bekommt der Gast Ascona in Reinkultur serviert. Der Service im Batello agiert fließend dreisprachig, mit Sonne im Herzen wird auch bei Hochbetrieb lächelnd ein Cüpli Prosecco aufgetischt. Das Schiff ist seit 78 Jahren im Besitz der Familie *Wildi* und die macht es augenscheinlich richtig. Ein Ankerplatz im allgemeinen Trubel. Übernachten ginge natürlich auch.

→ **Hotel Schiff,** Piazza Motta 21, CH-6612 Ascona, Tel. 0041 (0)91 791 25 33, www.hotel-schiff-ascona.ch

Kulinarische Fundgrube – Frau Rieders Casa del Gusto, Ascona

Casa del Gusto – Zu Ostern 2007 hat Frau Rieder ihre Casa eröffnet und es wurde nicht der x-te so nette wie überflüssige Geschenkladen mit ein paar Verlegenheitsflaschen Wein. Entstanden ist eine Fundgrube für lokale Delikatessen und handgemachte Lebensmittel. Im Sortiment: Risottoreis aus dem Maggia-Delta (auch fertige Mischungen für einen delikaten Zitronenrisotto etc.), dann Pasta, Marmeladen, Honig, Essig&Öl, Antipasti, Tessiner Weine etc., dazu kommt noch etwas ausgesuchte Literatur und ein paar mit kundiger Hand verlesene Küchensachen, die einem Freude bereiten. Beim Einkaufen, Verschenken oder zusammen Aufessen.

Casa del Gusto, CH-6612 Ascona, Via Beato B. Berno 3 (gleich hinter der Hafenpromenade, zwischen den Hotels Schiff und Al Porto die Gasse hoch), Tel. 0041 (0)91 791 95 30. www.casadelgusto.ch

Halbschatten und Seeblick – am Platz vor der Kirche, Ronco

Ronco

Der obere, autofreie Ortsteil *Ronco sopra Ascona* wird vom unteren Ortsteil am See, *Porto Ronco*, durch die dauerbefahrene Uferstraße getrennt. Unten am See ist Ronco verdammt eng, oben verdammt schön bis museal, beides sorgt für Probleme. Das ehemals viel bereimte Idyll wirkt heute ziemlich stark benutzt. Gleich in welchen Winkel Roncos man strebt – und die schönsten sind ohnehin „Privato" – es gibt Mitwisser, Nachahmungsgenießer.

Unzerstörbar bleibt freilich das Panorama, etwa von den roten Bänken am Kirchplatz. Ein Traumplatz, der Blick schweift über die gesamte Nordspitze des Seebeckens, inklusive Sicht auf die Brissago-Inseln und Tessiner Alpen. Wir erinnern uns: Künstler schreiben, Touristen strömen.

Worpswede ohne Nebel: Von den Zwanzigern bis in die sechziger, siebziger Jahre war Ronco (ähnlich Ascona) tatsächlich eine feine Flucht im Süden. Licht, Liebe und frei-

„Der schönste Punkt Roncos"

es Geistesleben, gewürzt mit mediterraner Vegetation und Schweizer Funktionalität:

„Der schönste Punkt Roncos ist der Platz vor der Kirche, wo man unter schattigen Kastanien sitzt und den See mit Muße betrachten kann. Der stille Platz ist zugleich eine Stätte der Erinnerung. Drei Denkmäler mahnen hier an den größten Sohn des kleinen Städtchens, an Ciseri, den Meister der »Bestattung Christi« in der Madonna del Sasso von Locarno. Am Platze steht sein Geburtshaus – das palazzoartige Haus der Kirche gegenüber –, in der Kirche findet man ein von ihm dem heimischen Tempel gestiftetes Altarbild, und am Rathaus feiert eine Tafel seinen Ruhm."

Soweit unser Altmeister Schulten zum schattigen Kirchplatz unter den Kastanien, der bis heute vornehm bescheiden und fast ein wenig schüchtern wirkt. Mit jeder Straßenkehre zum See hin wird es dann weltlicher und lauter. Zur Besinnung taugt die vom Verkehr belastete Uferzone Roncos sicher nicht, wer hier strandet, bekommt im besseren Falle Michelinbekanntes zu gehobenem Preis. Eine Ausnahmeadresse nach Lage, Stimmung und Baulichkeit ist die steil oberhalb der Straße gelegene Pension Eden.

Zwischen Relikt und Zauberberg – Pensione Eden, Ronco

Pensione EDEN – Porto Ronco. Ein Haus mit Tradition und einigen Altersfalten, seit 2007 hat die Pension am Steilhang über Porto Ronco wieder geöffnet. Die unterschiedlich exponierten Zimmer sind über mehrere Stockwerke verteilt, die in Schwalbennestlage am Hang kleben, umgeben von einem üppig bewachsenen Felsgarten. Dazwischen Treppenwege, Terrassen und versteckte Sitzecken, Bananenstauden, Palmen und Beete mit Kamelien und immer wieder begnadeter Blick auf den See. Neben all den routiniert und akkurat frisierten Herbergen am Tessiner Ufer wirkt das Eden wie ein Relikt aus der Frühzeit des Lago-Maggiore-Tourismus. Nostalgischer, individueller, fast ein Stück Zauberberg. Allerdings ist der banale Betrieb an der Küstenstraße nur ein paar Schritte entfernt.

Pensione Eden Giardino, CH-6613 Porto Ronco, Tel. 0041-(0)91 791 66 61, www.eden-giardino.ch. Faire Preise, ♠ Garten und privater Badeplatz über die Straße am See.

Auch sopra Brissago heißt es oft Privato

Brissago

Auch in Brissago gilt, pittoresk wird's erst sopra, oben am Hang und dort heißt es wieder vielerorts „Privato". Der gewöhnliche Betrieb unten, längs der Uferstraße, spült die Passanten in der Regel schnell durch den Ort und eh man sich versieht, ist die Grenze nach Italien erreicht (Standardfrage: „War das jetzt schon Brissago?"). Also vielleicht noch mal Kaffee trinken und Zeitung lesen. Geht wider Erwarten gut sogar an der Hauptstraße, etwa unter den Arkaden des Café Zanzottera, 38, nahe der Kreuzung nach Incella:

– Café *Zanzottera*, „das" Frühstückscafé mit feinen Mailänder Gipfeli (täglich 7 bis 18.30 Uhr, Januar bis Mitte Februar geschlossen). Via R. Cavallo Nr. 38, gleich nebenan der stets gut sortierte Zeitungsladen *Foto-Tabacceria Kuchler* (auch für Schweizer Landeskarten, Regionalliteratur und die klassischen Brissago-Rauchwaren, vgl. unten).

▪ **Die Brissago-Inseln** in der langgezogenen Bucht zwischen Brissago und Ascona profitieren von einem einzigartigen Mikroklima: „Bei uns wächst alles, australische, südafrikanische und lateinamerikanische Gewächse." Fiorenzo Ris, Chefgärtner der beiden Südschwei-

Produktion mit Seeblick – Dannemann in Brissago

zer Inseln, auf denen der Kanton Tessin seit 1949 einen botanischen Garten unterhält. (Zwischen März und Oktober täglich von 9 bis 18 Uhr; regelmäßige Schiffsverbindungen von allen Schweizer Hafenorten, von Porto Ronco fährt jede halbe Stunde ein Taxiboot die Brissagoinseln an.)

Wandel der Zeiten I: *Die Zigarrenfabrik.* Im Jahr 1847 wurde von italienischen Flüchtlingen in Brissago eine der ersten Tabakfabriken Europas gegründet – vermutlich die einzige mit panoramischem Seeblick. Die Fabrikation im historischen, mittlerweile stark veränderten Gebäude der „Fabbrica Tabacchi" ist noch heute von Belang. Anfang 2002 wurde der Betrieb von der DANNEMANN AG übernommen, bei jedem gutsortierten Händler der Schweiz sind die langen Brissagos zu bekommen. Hergestellt werden Traditionsprodukte wie Toscani- und Blauband-Zigarren (mit dem typischen Strohhalm als Mundstück; in der klassischen gelben Pappschachtel mit blauem Streifen). Produziert wird wie früher, handgerollt, mit natürlichen Klebstoffen aus Weißwein, Grappa, Honig und Gewürzen. Während zur Blütezeit

Fruchtfolge in Brissago – vom Grand Hotel zum Appartementblock

in den 70er Jahren fast 800 Angestellte in der Fabbrica von Brissago arbeiteten, kommen heute gerade noch 80 Personen in den Komplex am See, darunter viele Grenzgängerinnen aus Italien.

– **Information zu den Führungen** durch die Fabrik (kein Verkauf) im Tourismusbüro; weitere Infos zu Sonderveranstaltungen etc. unter www.dannemann.com.

Wandel der Zeiten II: *Das Hotel.* Russische Großfürsten logierten einst über Monate in Brissagos Grand Hotel – sie wurden umschwirrt von Dichtern, Denkern und Glücksrittern. Kurt Tucholsky und der junge Kästner, um 1930 bereits gut im Geschäft, gingen ein und aus. Die Literaten begrüßten sich tagsüber freilich nur mit einem knappen Kopfnicken, angeblich um einander nicht von der Arbeit abzulenken.

Aber das war einmal – das *Grand Hotel* am Lido von Brissago, ein imperialer Kasten, 20 mal 60 mal 40 Meter umbauter Raum auf einem Traumgrundstück über dem See. Nach dem Krieg begann dann die übliche Fruchtfolge: Auszehrung und schleichender Niedergang, zu Beginn der 90er war das Grand Hotel nur noch eine feuchte Ruine, durch deren schiefe Läden der Wind pfiff. Es folgte der Abriß, gegen Ende der 90er Jahre eine Renditesanierung des Filetstücks mittels Luxusappartements, genannt *Villa Riva Bianca.* Aurelio Galfetti hat die Grundform des streng langgestreckten, rechteckigen Baukörpers konzipiert. Heraus kam eine Wohnanlage für höhere Senioren, zu deren Nutzung niemand gezwungen wird.

Entlang der Straße Richtung Porta/Gadero (Abzweig am Ortseingang von Ronco kommend), von unten nach oben:

CASA CONCERTO – Brissago-Rossignoro. Das kleine charmante Villa-Hotel mit Palmen vor der sonnigen Front und nur fünf hellen, freundlichen Zimmern (alle Südseite mit Seeblick) liegt mitten im verwinkelten *Rossignoro* (313 m) in bevorzugter Lage über dem See. Man kann mit dem Auto nicht direkt vor die Tür fahren, aber von der Straße sind es nur 50 Meter romantischer Treppenweg. Großer gepflegter Garten mit weitem Blick über Brissago und den Lago.

Casa Concerto, CH-6614 Brissago, Tel. 0041-(0)91-786.81.00, www.casaconcerto.ch. Park. Keine Haustiere. Preise: mittel-hoch.

Grotto Al TECETT – **Incella.** Oberhalb Incella auf 399 Meter, (ab Uferstraße ausgeschildert): Ein Bilderbuchgrotto, das zu einer der ältesten Hausgruppen am Lago gehört. Einfach sympathisch. Möglicher Plan: Eine Minestrone löffeln, den Blick genießen, den Tag so laufen lassen. Apropos Minestrone: eigentlich war sie auch hier, wie so oft, nicht bemerkenswert gut – eher fad, das Gemüse zerkocht, schier ungewürzt. An so einem Fleck sind das aber Kleinigkeiten, zudem wird neben dem Tagesmenü auch eine Tessiner Platte; Käse oder Salametti serviert und am Granittisch mit Seesicht schmeckt

Bilderbuchlage – Grotto Borei sopra Brissago

sowieso alles besser. Und die von ESSEN UND TRINKEN ließen sich auch vom Blick beeindrucken: „eines der schönst gelegenen Grotti im Tessin."

Grotto Al Tecett (Elisabetta Dové), CH-6614 Brissago-Incella, Tel. 0041-(0)793 29 23. ♠ Terrasse. RT: Mo, Di.

Grotto BOREI (850 m). Wer noch nicht genug hat von der Kurbelei: vom Grotto Tecett (399 m) aus der Straße folgen, am Ausgangspunkt der Wanderung zum Monte Gridone, exponiert gelegen noch ein Bilderbuchgrotto, der weltschönste Vesperplatz. Kleine, überlegte Karte mit wechselndem Tagesmenü. Auch mal Ziegenbraten oder Wild, sämiger Risotto, Brasato, Gnocchi, Käse, Salami. Terrasse mit Sicht von Ascona bis Italien, von Michelin mit Monti-e-Lago Symbol geweiht.

Grotto Borei (Fam. Solferini-Battistessa), via Ghiridone 71, CH-6614 Brissago. Tel. 0041-(0)91-793 01 95. www.osteriaborei.ch; ♠ Terrasse. Während der Saison RT: Do.

7 ▸ Cannobio und Val Cannobina

Zur Saison sind Lungolago und Gässlein Cannobios fest in nordalpiner Hand, was auch daran liegen mag, daß Cannobio exakt so aussieht und funktioniert, wie man sich nördlich des Gotthard einen ordentlich aufgeräumten italienischen Ferienort eben so vorstellt. An Postkartenmotiven mangelt es nicht, Seefrontcafés in langer, geordneter Reihe, die Devotionalienläden, die Vinothek – alles an seinem Platz und diese Piazza Vittorio Emmanuele hat zweifellos was.

Die Bühne am See – Lungolago Cannobio

Man könnte eine Seebühne nicht viel attraktiver aufbauen. Cannobio im Sommer ist wie ein Theaterstück, das sich nicht totspielen läßt. Jasminduftende Hecken, romantische Treppen und Gassen, alles zentriert auf den zentralen Schiffsanleger, der für steten Nachschub sorgt.

Auf dem See Männer am Steuer von Booten, die aussehen wie ein Cadillac ohne Räder. Wasserski erfreut sich auf dem Lago nach wie vor großer Beliebtheit. Unter Frührentnern scheint dagegen eher der verbissene Leistungssport beliebt;

Am Lungolago in Cannobio

kaum eine Bergfalte, aus der einem nicht motivierte Mountainbiker im reiferen Alter entgegenkommen. Es gibt aber auch Schweizer Pensionäre in Kurzarmhemd und rotem Lotus.

Trotz allem gehört Cannobio bis heute zu den reizvollen Stationen an der Westküste. Prominente Lage, Piazza direkt am See, der bis nach Nordrhein-Westfalen bekannte Straßenmarkt am Sonntag. Soviel Italianità lockt allerlei Kundschaft, so wirkt Cannobio mitunter wie ein Wackelbild, Liebreiz neben Kitsch, Jaguar neben New Beetle, Funktionsstoffe neben Sommerleinen. Fazit: ein reizvoller Fleck, allerdings nicht ganz sortenrein.

Eine Etappe lohnt sich auch für jene Passanten, deren eigentliches Seeziel weiter im Süden liegt, man kommt ohnehin nicht am Ort vorbei. Cannobio ist verkehrstechnisch ein Nadelöhr, der gesamte Verkehr quält sich durch die enge, gepflasterte Ortsdurchfahrt, ein seit 2005 geplanter Umfahrungstunnel bleibt Vision. Die altgediente *Pasticceria Zaccheo* direkt am Eck in der rot gepflasterten Altstadt-Eng-

Frisches Grün, glattes Blau – Saisonbeginn in Cannobio

stelle läßt sich vom Dauerverkehr ebensowenig stören, wie der Feinkostladen gleich nebenan, hier ist Ortsmitte und Treffpunkt, und nach oben und unten in der Gass' gibt es weitere hervorragende Einkaufsmöglichkeiten für Feinkost, oder auch nur eine Schnitte Pizza auf die Hand. So bleibt Cannobio – gerade für Heimreisende, Ankommende und Ferienhäusler – auch eine wichtige Proviantstation, eine letzte kulinarische Tankstelle vor der Schweiz.

Hinter den dicken Mauern der *Pasticceria Zaccheo:* sehr guter Café, Croissants und die hervorragenden Amaretti in diverser Ausführung an einer extra Patisserie-Theke. Für Lärmunempfindliche geht auch Draußensitzen auf den Terrassenplätzen mitten auf der kleinen, aber stimmungssatten Via Giovanola. Insofern wäre die Pasticceria – neben der repräsentativen Piazza unten am See – der beste Fleck für den Italien-Erstkontakt (RT: Mi). Oder auch zum Nachladen auf der Heimfahrt: Nur ein paar Häuser weiter oben in der *Via Giovanola* – direkt um den markanten Campanile liegen

Nicht nur für Amaretti – Pasticceria Zaccheo in Cannobio

ein paar kleine Läden mit gutem Angebot:

- **Einkaufen**: Zunächst linkerhand, nur ein paar Schritte oberhalb der Pasticceria Zaccheo ein Laden für frische Pasta, wenige schritte gassenaufwärts, an der Pizza Al Campanile: *Erika Pizzeria,* Hausnummer Nr. 23, mit ofenheißer Pizza auf die Hand. Am Kirchplatz gleich gegenüber: Die *Antica Latteria,* ein kleiner, aber exquisit sortierter Feinköstler mit Schinken, Salami, schöne Käseauswahl etc., auf der Theke auch die hervorragenden Edelkonserven von «Colfiorito» (z.B. Thunfisch in Olivenöl, gefüllte Pepperoni im Glas etc.).

Die Via Umberto auf der anderen Seite der Durchgangsstraße führt geradewegs runter zu Seepromenade und Schiffsanleger. Dort die repräsentative *Piazza Vittorio Emmanuele,* die mit ihren großformatigen Granitplatten auch absatzfreundliches Promenieren erlaubt. Dazu Arkaden, Läden und Cafés sonder Zahl, qualitativ aber eher in erwartbarer Qualität. Seit jeher eine gastronomische Ausnahme an der Piazza: *Lo Scalo,* ein gediegenes Restaurant direkt unter den Arkaden, vgl. unten; nebenan und ebenfalls in erster Reihe am See die volksnahe, vitale *Bar Porta,* gut für einen

Einkaufsgasse für Feinkost – am Campanile in Cannobio

Schnell mal schwimmen gehen – Badestelle in Cannobio

Sandwich oder einen Aperitif mit üppig gereichtem gratis Knabberwerk. Ansonsten sollte man in solcher Lage wirklich keine Wunder erwarten, allenfalls routinierten Ablauf und Zitate italienischer Küche.

Unübersehbar zentral und prominent gelegen, das nach umfassender und stilvoller Renovierung vor knapp 10 Jahren wiedereröffnete Viersternhotel *Cannobio.* Nach Lage, Ausstattung und Preis zweifellos eine gehobene Angelegenheit, allerdings wirkt der Luxus hier sehr glatt. Das beginnt schon im potentiell wundervoll gelegenen Terrassenrestaurant über dem See, wo die verspielte Stimmung vom steifen Service unterlaufen wird. (Details zur Einkehr vgl. weiter unten).

Baden: Am südlichen, ruhigeren Ende der Seepromenade, also längs der Piazza XXVII/XXVIII Maggio/Via Geroni schließlich noch ein kleiner Höhepunkt: Die kleine **Badestelle** (beim markanten Bootshaus) wirkt auf den ersten Blick vielleicht gar nicht so spektakulär. Aber wo gibt es denn sowas. Zu Mittag ein schönes Fläschle und eine Kleinigkeit in einer Trattoria, dann ein paar Schritte über

Immer wieder Sonntags, Markt in Cannobio

die Straße, Hosen runter und in großen Zügen rausschwimmen. Danke Cannobio, gut gemacht!

▪ **Der Sonntagsmarkt**: „Ha noi, des brausch' jetzt nimme." Die schönsten Mundartstücke spielen oft im Ausland. Auch auf dem Sonntagsmarkt in Cannobio. Der ist etwas kleiner und vielleicht ein wenig geruhsamer als der Reisebus-Mittwochsmarkt in Luino auf der Ostseite des Lago Maggiore – aber auch in Cannobio werden die Parkplätze knapp und es menschelt mächtig. Schließlich gibt es von der gefüllten Peperoni bis zur gefälschten Hermès-Tasche alles, was eine Dame aus Spaichingen begehrt, oder „nimme braucht" – wenn es nach dem Gatten ginge. Mitunter enden solche Szenen dann mit einem Klassiker einkaufender Frauen: „Ich glaub', ich nehm' beide."

Der Markt längs der gesamten Seepromenade bietet einfach alles von Marketenderware und Kaffeefahrtramsch bis Pecorino aus Sardinien. Auffallend groß die Riesenauswahl an **Käsesorten** aus dem Piemont und der Lombardei.

Mittagsloge nach dem Markt – Villa Maria, Cannobio

Getürkte Tods, kochfeste Unterwäsche. Natürlich werden auch hier die Piemonteser *Salame al Barolo* haldenhoch gestapelt angeboten, dazu getürkte Tods in allen Regenbogenfarben, zur Not auch kochfeste Unterwäsche. In den letzten Jahren hat sich das Angebot der Märkte am See (vgl. S. 342) mehr und mehr angegleichen, was sich unterscheidet ist Einkaufsstimmung und Kulisse. Auch hier gilt: je weiter im Süden, desto mehr Italien. Verglichen mit dem Treiben am See wirkt ein bundesdeutscher Markt auf Betonsteinpflaster, umgeben von der Sparkassenarchitektur wie eine vakuumierte Mumie. Ein Blick auf einen Salamiwagen genügt, um zu ahnen, auf welchem Niveau sich die deutsche Aufschnittgesellschaft befindet.

- **Markt Cannobio**: Sa 8 bis 14 Uhr. Wer es noch originalgetreuer haben möchte: Am Samstagvormittag (ist weiter südlich in *Verbania-Intra* ein großer, weitgehend untouristische Markt – ohne ausgeschilderte Parkplätze und „o sole mio"– intonierende Händler, mit qualitativ besseren Angebot als in Cannobio. Dito am Mittwoch bis 13 Uhr in Sesto Calende, mit guten Trattorien in den Gassen beim Marktviertel (vgl. dort).

Am grünen Rand – Villa Belvedere, Cannobio

VILLA BELVEDERE. Auf den ersten Blick, also von der Straße ins Cannobino-Tal aus gesehen, erschließt sich die Gunstlage des Belvedere nicht gleich– die eigentlichen Vorzüge der parkähnlichen Anlage sind von der Straße aus kaum zu ahnen. Aber da wäre gleich hinter dem Empfangsgebäude, Speiseraum und Gemeinschaftsräumen ein überraschend großer Gartenpark mit Pool, auch die Mehrzahl der Zimmer liegt weiter hinten am Waldrand, die fast versteckt im Cottage-Stil mit eigener Veranda, auch beruhigend weit abseits der Straße. Von dort gibt es sogar etwas Seeblick, also doch Belvedere. Außerdem bietet die großzügige Anlage reichlich Rückzugsmöglichkeiten zum Lesen und Dösen, zum Schwimmen und Planen. Der Familienbetrieb wirkt sorgfältig und professionell geführt, man fühlt sich gleich aufgehoben. Wer Cannobio mag, aber nicht mittendrin, sondern am grünen, luftigen Rand logieren möchte, wird sich in diesem «Parkhotel» sicher wohl fühlen. Großer Park, Liegewiese.

Ein Klassiker im Hinterdorf – Antica Stallera, Cannobio

Villa Belvedere (Fam. Albertella), via Casali Caserina 2 (linkerhand, oberhalb der Zufahrt zur Valle Cannobina), I-28822 Cannobio (VB). Tel. 0039-0323-701 59, Fax 719 91, www.villabelvederehotel.it. Vier Zimmer im Haupthaus, die anderen in einem langgestreckten Landhaus im Park, das erst vor kurzem erweitert wurde: ein Stockwerk wurde aufgesetzt und alle Räume modernisiert. Unten entstanden 11 Zimmer und oben 8, darunter auch 2 behindertengerechte Zimmer. Geöffnet von Mai bis Oktober. Pool, Park, Parkplatz. Preise: mittel.

ANTICA STALLERA. Gasthof seit 1650, davor Postkutschenstation, über all die Jahre hat sich das Haus am Rande des historischen Ortskerns zu einem funktionalen Mittelklasse-Ferienhotel weiterentwickelt. Vorzüge eines zuverlässigen Familienbetriebs und moderate Preise kommen hier zusammen, dafür muß der Gast auf Seepanorama und Promenadenlage verzichten. Schon vor Jahren kam ein neuer Trakt und der große Speisesaal hinzu, seit 200 Jahren unverändert und ein kleines Reich für sich ist der lauschige Innenhof mit Laubenstimmung, hier stehen alte Granittische (weniger alte Plastikstühle), die beiden markanten Palmen und eine

Gediegen im historischen Zentrum – Casa Pironi, Cannobio

Kamelie, die im 17. Jahrhundert von Engländern mitgebracht wurde. Also vielleicht einen Besuch einplanen, wenn die Kamelien blühen (was schon vor Ostern sein kann!). Ansonsten bieten Restaurant und Innenhof auch für Passanten durchaus interessante Angebote, etwas abseits des Laufstegs unten am See. Das Essen ist ordentlich, die Karte so mehrheitsfähig komponiert (und so geschickt übersetzt), daß sich auch Nordländer sachte an Italien heranessen können (schöne Antipastiauswahl, Pastagerichte, sowie die gewohnten Hauptspeisenklassiker – alles routiniert zubereitet), beachtliche Weinkarte. Von den Zimmern gibt es zwar keinen Seeblick, aber auch hier überdurchschnittlicher Standard. Alles in allem kein alter Stall, sondern eine sichere Bank. Lauschig beschatteter Innenhof.

Antica Stallera (Fam. Soncini), I-28822 Cannobio (VB), Via P. Zaccheo 7, zentral und doch ruhig gelegen, ca. 100 m vom See. Von der Durchgangsstraße und der Seepromenade ausgeschildert. ♠ Innenhof. Tel. 0039-0323-71595, Fax 72201, www.anticastallera.com. Restaurant-RT: Di, Preise: mittel.

Konventioneller Komfort an der Piazza: Hotel Cannobio

Zwei Klassiker im Ortszentrum

Casa PIRONI. Altbekanntes und gediegenes Haus im historischen Gewand, zentralst in den alten Gassen der Fußgängerzone gelegen, runter zum Lungolago sind es nur ein paar Schritte. Innen ansprechend renoviert und durch und durch gehobene Mittelklasse, die in dieser Lage, an diesem Ort natürlich bezahlt werden muß. Zum historischen Pironi-Komplex (aus dem 15. Jahrhundert) gehört eine anregende, weil gut eingesessene Bar. Via Marconi 35, I-2822 Cannobio (VB), Tel. 0039-0323-706 24, www.pironihotel.it. Preise: gehoben.

Hotel CANNOBIO. Konventionell-nobles Viersterne-Haus in erster Linie an der Seepromenade, das Gartenrestaurant liegt wie ein Balkon über dem See. Tiefgarage. Piazza Vittorio Emmanuele III, 6, I-2822 Cannobio, Tel. 0039-0323-73 96 39, Fax 0039-0323-73 95 96, www.hotelcannobio.com. Preise: hoch.

Gute Mittelklasse an der Seepromenade – Il Portico, Cannobio

IL PORTICO. Mittelklasse in zentraler, noch recht ruhiger Lage direkt bei der Wallfahrtskirche Santa Pietà. Der größere Teil der Zimmer liegt im Hauptgebäude, die zum See hin haben teils wunderbare Aussicht und Balkon, im Haupthaus auch der Hotel-Speisesaal und die Gemeinschaftsräume, parterre liegt die ansprechende Restauranterrasse zum See. Ein weiterer – nicht minder reizvoller Teil der Zimmer – befindet sich rückwärtig im direkt angrenzenden historischen Anwesen, das etwas erhöht hinter dem Hotel liegt: die Villa aus dem 18. Jahrhundert wurde renoviert, die Zimmer und Suiten sind ruhig und gehen zum Teil auf einen Innenhof. Das seriös geführte Haus empfängt mit jener unaufgeregten Retro-Atmosphäre, die früher in familiengeführten Kleinhotels die Regel war, heute aber zu den Ausnahmen zählt. Auch reife italienische Gäste schätzen diese etwas nostalgisch angehauchte Ferienstimmung ohne Getöse.

Hotel-Ristorante Il Portico, Piazza Santuario, 2, I-28822 Cannobio, Tel. 0039-0323-70598, 48 Zimmer, www.hotelilportico.com, Preise: mittel-gehoben. ♠ Schön gelegene Restaurantterrasse zum See.

Luxus unter den Arkaden – Ristorante Scalo, Cannobio

Ristorante SCALO. Klassiker unter den Arkaden der Piazza. Wer Plastikstühle und Tischnachbarn in kurzen Hosen scheut, ist hier an der richtigen Adresse, sofern man im Zentrum des Geschehens bleiben möchte. Hohe Preise, bislang kulinarisch dennoch eine der wenigen ernstzunehmenden Adressen direkt an der Seefront. Hausgemachte Pasta, sonst eine konventionell angelegte Standardkarte. Aufmerksamer, bisweilen etwas hüftsteifer Service, geschmackvolle Innenräume. ♠ Überdachte Freiterrasse, zentral am nördlichen Teil der Piazza Vittorio Emanuele. *Ristorante Scalo*, Piazza Vitt. Emanuele, 32, Tel. 0039-0323-71480. Hunde nicht erlaubt. Preise: gehoben.

Ristorante-Pizzeria VILLA MARIA. Wegen seiner hervorragenden Lage über dem See kaum zu übersehen. Auch Drinnen in der historischen Villa Maria manche Pretiose, der seeseitigen Balkon mit Tischen in Vorzugslage – wenn es auf eine Extraportion Atmosphäre ankommt, sitzt man hier unschlagbar romantisch und dazu noch von der Seebrise umfächelt. Bei so sattem Ambiente spielen Details der Speisen nicht die alles entscheidende Rolle. Es gibt allseits geliebte Standards wie coregone (Felchen) und persico (Egli oder Seebarsch), aber auch „branzino" (Wolfsbarsch), Blick und Ambiente sorgen für höhere Weihen. Ansonsten ein breites Angebot von Antipasti, Pasta, sowie gut ein Dutzend Pizze. ♠ Großartige Romantikterrasse. Ristorante-Pizzeria *Villa Maria*, Via 27-28 Maggio 1, Tel. 0039-0323-70160.

Tafel mit Atmosphäre – Villa Maria, Cannobio

Ristorante ANTICO SEMPIONE. Linkerhand, direkt an der Zufahrt ins Cannobina Tal gelegen das sympathisch geführte Ristorante Antico Sempione. Ein Familienbetrieb mit engagierten Wirtsleuten (eine Hälfte der Gastgeber stammt aus Deutschland, viele Gäste des Hauses ebenfalls). Geboten wird eine gute und frische Küche, hausgemachte Pasta, serviert auf einer ♠ schattigen und üppig eingewachsenen Terrasse. Es werden auch geräumige Ferienwohnungen vermietet. Ristorante *Antico Sempione*, I-28822 Cannobio, ca. 1 km westl. Cannobio, direkt oberhalb der Straße ins Valle Cannobina gelegen, Tel. 0039-0323-71920. Restaurant RT: Mo.

Valle Cannobina

Wer sich von Cannobio in Richtung Cannobina Tal aufmacht und dem extrem steilen Tal bis Finero folgt, erlebt einen selten starken Szenenwechsel. Aus der heiteren Ferienkulisse am See wird schon wenige Kilometer taleinwärts bei Traffiume eine wilde Naturbühne mit Schluchten, jadegrünen Abgründen und Naturpools. Der nun folgende, zwanzig Kilometer lang Lauf des Cannobino bleibt selten wild und urwüchsig. Das kräftig gefaltete Tal mit seinen exponierten Hangdörfern gehört zwar zu den intensiv befahrenen, be-

Sommerfrische am Cannobino – Santa Anna Schlucht bei Traffiume

wanderten und bebikten Naturregionen am See, aber es wirkt (zumindest außerhalb der kurzen Sommersaison) bis heute erstaunlich natürlich. Für italienische Verhältnisse ist die Cannobina gut mit Wegen erschlossen, dennoch gibt es abseits der Hauptrouten noch genug stille Ecken (wie z.B. das auf 1400 Stufen erreichbare *Crealla*, keine Einkehr mehr, aber grandiose Landschaft, kernige Badegelegenheit im Bergbach!).

Naturburschen brauchen also wenig mehr als eine Karte

Freischwimmer – in der Santa Anna Schlucht bei Traffiume

und Kondition, alles Weitere ergibt sich bekanntlich im Wegverlauf, nach dem alten Motto asiatischer Akrobaten: „Möge diese Übung gelingen."

Gleich zu Anfang des Tales, nach gut zweieinhalb Kilometern hinter Traffiume, liegt die zu Fuß begehbare Schlucht der Heiligen Santa Anna *(Orrido di S. Anna)*. Die beeindrukkend beklemmende Stelle wird etwa zwei Kilometer hinter dem kleinen Dorf Traffiume erreicht.

- In **Traffiume** eine *Osteria* am Ortsplatz, dann die Trattoria-Pizzeria D*el Circolo*, an der Straße zur Santa Anna Schlucht (selten: ganzjährig offen, RT: Mo).

- Außerdem ein neueres Bed&Breakfast in einer renovierten Villa, die in ruhiger, sonniger Lage am Ortsrand liegt. Die drei Zimmer sind hell, die Bäder neu, die Gastgeber wohnen im selben Haus. **B&B Locanda dei Pini**, Via Cressini 13, I-28822 Cannobio, Tel. 0039-0323-71711, www.locandadeipini.eu

Pool und Pasta – Orrido di Santa Anna: Von Traffiume führt eine schmale Nebenstraße westwärts und weiter talaufwärts bis zur idyllischen Santa Anna Kapelle. Der Platz bei der al-

Pasta an der alten Brücke – Grotto Sant' Anna bei Traffiume

ten Steinbogenbrücke über dem Cannobino ist eine beliebte Sommerfrische, in der Schlucht unter der Brücke ein größeres Stück Flußstrand, dazu große Felswannen mit wunderbar klarem, kaltem Wasser. In den letzten Jahren bekam der Fleck die dringend nötige Infrastruktur, nun hat es einen angelegten Parkplatz und ein Toilettenhaus.

Die kulinarische Überraschung ist der *Grotto Sant' Anna* mit mehr als ordentlicher, frischer und authentischer Küche – gleich neben der Kapelle reizend im schütter-kühlen Wald gelegen. Das alte Kirchlein Santa Anna (erbaut 1638) thront über dem extrem engen Cannobino-Durchbruch, der an dieser Stelle nichts an Wildheit zu wünschen übrig läßt. Ein tiefer Schlund mit wild gezackten Felsen, und – je nach Pegel – mal schäumendem, mal blaugrün fließendem Wasser. Caspar David Friedrich hätte so eine Szenerie sicher verewigt.

Heute ist der sommerfrische Platz unter Romantikern und Wassersportfreunden Platz gleichermaßen beliebt, vom Familienpicknick und Lagerfeuer auf den Sand- und Kiesbänken am Ufer, übers **kühle Bad** bis zur Tauchexkursion im natürlich gestauten Fluß ist alles möglich, Vorsicht jedoch bei Hochwasser! In der Saison entsprechend heftiger Betrieb, sonst ein Ausflugsziel für zwischendurch, mit einer stimmungsvoll gelegenen Einkehr:

Grotto SANT' ANNA – Cannobinatal. Die kleine Karte ist zweisprachig Italienisch/Holperdeutsch, aber durchaus ambitioniert, geboten wird eine frische, gradlinig realisierte Pasta- und Fischküche, dazu anregende Vorspeisen, milder Schinken aus dem Ossola-Tal, auch Berg- und Ziegenkäse aus der Region, Fisch aus dem Lago. Der Platz ist touristisch gewiß, aber er hat was: die liebreizende Lage über der Schlucht, die lauschige Sommerterrasse, die Qualität der Küche, und talaufwärts kommt lange nichts besseres. Sehr lange.

Ristorante-Grotto Sant' Anna, Tel. 0039-0323-70682, bei Traffiume, ♠ Stimmungsvolle Sommerterrasse. Von März bis November geöffnet, freilich mit recht strikten Zeiten, mittags Küche bis 13.45, abends ab 19 bis 21.45 Uhr, RT: Mo (nicht im Hochsommer).

Die **Osteria Vino Divino** bei Traffiume, am Beginn der eigentlichen Route ins Cannobino Tal, war einmal eine unserer Lieblingsadressen: ein stimmungsvoller Grotto im Wald, die Granitbänke im Schatten von Eßkastanien, ein paar Tische auf gekiestem Grund, die idyllische Holzveranda im ersten Stock. Drinnen im alten Weindepot ein erdkühler Keller, in dem der Gast seinen Wein zum Essen selbst aussuchen konnte – aber das war einmal. Beim letzten Besuch im Sommer 2011 standen Objekte im Wald, die vermutlich hoch bedeutend sein sollen. Die Karte paßte zum Ambiente, sie las sich gewollt, es gibt ein Degustationsmenü. Salate werden mit einer Krokantoblade serviert, oder mit karboniertem Öl benetzt und mit Würfeln grünen Gelees dekoriert, bei Bedarf abends ab 18 Uhr, sonntags auch über Mittag.

- Auf gleicher Strecke, gut einen Kilometer weiter talaufwärts, wieder eine Einkehr, die einen etwas ratlos zurückläßt: das Ristorante **Mulini del Mater,** ehemals eine reizvolle Adresse war im Sommer 2011 still und dunkel. Am besten selber mal vorbeischauen und nachschmecken, ob sich wieder was tut. *Mulini del Mater,* Strada Valle Cannobina (ca. 3 km westlich Cannobio).

Reichlich Tourenmöglichkeiten – im Val Cannobino

Cannobino aufwärts – Finero und Malesco: Ein Talausflug flußaufwärts des Cannobino gehört für Freunde dramatischer Landschaft und Straßenführung zum Pflichtprogramm. Die Tour könnte durch diverse Abstecher in die schwindlig hoch gelegenen Bergdörfer erweitert werden. Man gondelt hier durch tiefstes Grün, erklimmt Falmenta, Orasso oder Gurro und realisiert bald, daß es am Lago Maggiore nicht nur Villen und süße Gestade, sondern auch ein karges Bergleben gegeben hat und gibt. Heute hilft Wochenend- und Ferienhaustourismus die Extremlagen zu erhalten, manches verfällt, aber vieles wurde restauriert.

In *Finero* wird das Land schließlich heller und offener, direkt bei der Kirche ein kleiner, interessanter Laden für Regionalprodukte. Wir sind hier zwar im hohen Piemont, dennoch erstaunlich, daß es so weit hinten im Tal so ein Sortiment an Lebensmitteln im engeren Wortsinne gibt. Bestes Brot, Schinken und Käse aus der Region, eine freundliche Verkäuferin. Die ideale Proviantstation, Danke!

Ca du Preu – Prodotti Tipici, im Bergdorf Finero in der Ortsmitte, am

Der Salamitempel im Melezzo-Tal, Puliani in Re

Kirchplatz. Kleiner, zunächst etwas unscheinbarer Laden, aber gut sortiert mit regionalen Produkten und Spezialitäten. Ideal, um Proviant für eine Tagestour einzukaufen, freundliche Bedienung, gutes Brot.

Richtung Malesco und Centovalli: Die Cannobino-Tal-Tour ließe sich über *Malesco* im Tal des Melezzo und den Wallfahrtsort *Re* leicht ins Schweizer Centovalli verlängern. Rückfahrt nach Cannobio dann über Locarno. Wegen der Vielzahl der landschaftlichen Höhepunkte, möglichen Abstechern und allerlei Rastmöglichkeiten aber eine dichte Angelegenheit. In Re, dem letzten größeren Ort vor der Schweizer Grenze bei Camedo gibt es an der Ortsdurchfahrt die *Metzgerei Puliani* mit hervorragendem rohem Schinken, Bresaola, regionale Mortadella mit Leber, vor allem aber die hervorragenden hauseigenen Salamispezialitäten – eine exemplarische Handwerksmetzgerei.

Macelleria Silvano Puliani, Salumi Tipici, Piazza Monsignor Peretti 1, Re (leicht zu erkennen am roten Schild, Bild oben). Große Auswahl an regionalen Schinken, Bresaola, herausragende Hausspezialität sind die

Pilgerziel seit 1498 – Re im Melezzo-Tal

Salume; auch hervorragendes Rindfleisch aus dem Val Grande. Geöffnet 9 bis 12.30 und 16 bis 19 Uhr, Sonn- und Feiertage 9 bis 12,30 Uhr, Mo. geschl. Filiale in Malesco.

Res vielkupplige Basilika *Madonna del Sangue* steht wie ein Fremdkörper unvermittelt im Tal, die Kirche wird intensiv besucht, Busse und Pilgergruppen bevölkern das ansonsten reizarme Straßendorf mit knapp eintausend Einwohnern, Geschäfte und Gaststätten längs der Hauptstraße haben sich auf die Wünsche der pilgernden Passanten eingestellt.

Re wurde nach einem «Blutwunder» im Jahr 1494 zum Wallfahrtsort, nach einem Steinwurf soll ein Madonnenbild zwanzig Tage lang Blut geweint haben. Das Blut der Madonna wurde angeblich mit einem Tuch aufgefangen, im Jahr 1894, wurde dann zum vierhundertsten Jahrestag des Wunders die Wallfahrtskirche errichtet, um die Reliquien aufnehmen zu können, sie werden in einem Tabernakel auf der Altarrückseite aufbewahrt.

- Das Fest des Blutwunders findet jährlich vom 29. April bis zum 1. Mai mit einem Pilgerzug von Domodossola aus statt.

Zwischen Cannobio, Cànnero und Verbania folgt die Strada Stadale 34 unmittelbar dem Küstenverlauf und alles wird intensiver: Gegenverkehr, Ausblicke, Lagogefühl. Das Malerische erreicht mitunter eine fast schon anstrengende Dichte. Palmen, Villen und Buchten in stetem Wechsel, am Hang Dörfer, die wie Veranden über dem Seespiegel hängen. Wenn es am Lago Maggiore eine Goldküste gibt, dann sind es die zwanzig Kilometer zwischen Cannobio und Verbania. Das Wohlleben hat hier Tradition, mit der Eröffnung der *Strada Napoleonica del Sempione* über den Simplonpaß wurde der Lago Maggiore schon im 19. Jahrhundert leicht erreichbar. Der Bau der Bahnlinie *Domodossola-Arona* brachte gut betuchte Gäste des Orientexpreß an den Lago Maggiore. Die Küste zwischen Stresa, Verbania und bis rauf nach Cànnero wurde zum Treffpunkt eines frühen Rail-set.

Rosenumrankte Rotunden, plüschgedämpfte Telephonkabinen

In der Folge entstand mit der Staatsstraße 34 eine regelrechte *Corniche:* eine Uferinszenierung mit prätentiösen Villen und rosenumspielten Rotunden, mit Zuckerbäcker-Hotelfassaden und Jugendstil-Teehäuschen. Spuren der vergangenen Noblesse haben sich bis heute gehalten, die Dimension und Ausstattung mancher im Park versteckten Villa spricht für sich. Nur das Publikum hat sich gewandelt, in Richtung Liegestuhl-Verleih, Eisbecher und Tagesausflug.

Für individuell Reisende ist die eine oder andere Hotellegende aber sicher einen Besuch wert. Ein Aperitif auf der Terrasse, ein spontaner Drink an der Hotelbar. Im *Grand Hotel Majestic* in Pallanza sind allein schon die teppichgedämpften Telephonkabinen in der Eingangshalle einen Blick wert. Wo gibt es heute noch Telephonkabinen?

Alte Wegmarke an der Riviera bei Carmine

Von Cannobio nach Cànnero – Was Straßenführung und Liebreiz angeht, gehört die Küste von Cannobio nach *Cànnero Riviera* zu den Höhepunkten der SS 34: Eine Gesimsstraße, so aufwendig wie luftig in die Steilküste gehauen, dazu im Sekundentakt Motive wie im Diavortrag – wenn nur der Verkehr nicht wäre. Zur Steigerung der landschaftlichen Dramatik dient auch der Ausblick auf die *Castelli di Cànnero*. Die kleine Inselgruppe in Schwimmnähe der Küste mit den jüngst restaurierten Ruinen wird noch vor Cànnero erreicht. Was bei trübem Wetter grau und verlassen aus dem Wasser ragt, wirkt im Sommer ganz anders. An Wochenenden werden die Felsplatten zum großen Sonnendeck, ein beliebter Bootsanlege- und Picknickplatz. In schier allen Reiseführern fehlt es nicht an Geschichten, was das Treiben der ehemaligen Inselbewohner angeht, die Kurzfassung: angeblich haben die Mazzardi-Brüder, fünf Metzgersöhne aus Ronco, dereinst von der Insel aus die ganze Gegend terrorisiert, erst nach dem Mord an einem Geistlichen wurde die Brut ausgehoben und das Kastell geschliffen.

Castelli di Cànnero

Baden: Bei der Durchfahrt im Straßendorf Cannobio-Carmine dann wie jedes Jahr ein Staunen über diese kuriose *Osteria del Sasso* mit ihrer Vorkriegsanmutung und die dazugehörende Camping- und **Badewiese** am See. Was könnte hier für eine Einkehr sein. Die glücklichen, unglücklichen (?) EigentümerInnen (geschlechtsspezifisches Binnen-I), die Eigentümer haben sich wohl entschlossen, das betagte Ensemble weiterdämmern zu lassen. Die Wandaufschrift *Osteria con Cucina* erinnert an einen historischen Schwarzweißfilm, Karte, Service und Plastikbestuhlung dürfen als Referenz an die Jetztzeit verstanden werden. Ein Fotographierversuch der Lokalität löste umgehend wütende Reaktionen aus, auf dem Weg zum Badplatz am Ufer wurde ich von der stimmkräftigen, am Ausguck harrenden Wirtin mehrsprachig zur Entrichtung des Obulus aufgefordert: „Hallo, zahle!" Die angestaubte Anlage am See könnte auch irgendwo in Transsylvanien liegen, Blick und Lage sind freilich einzig. Selbst in der Hochsaison verlieren sich nur ein paar Gäste auf dem rätselhaften Terrain. Ein exklusives Gelände unter strenger Beobachtung.

Gourmetbalkon – Enoteca del Lago, Carmine

Baden beim Gourmetlokal: In *Carmine* gäbe es noch eine öffentliche Badestelle: eine schmale Gasse führt runter zum See, unmittelbar neben der breit empfohlenen Gourmet-Adresse *Enoteca-Ristorante-Hotel del Lago* (Hinweisschild) gibt es eine kleine Badeterrasse. Das hart an der Durchgangsstraße gelegene Del Lago belegt mit einer ambitionierten, hochpreisigen Küche einen Stammplatz in Gourmetführern. Gepflegter Panoramasaal über dem See, formales Ambiente mit den üblichen Ritualen; einige komfortable Zimmer mit direktem Seeanstoß.

Hotel-Ristorante Enoteca del Lago, via Nazionale 2, I-Cannobio-Carmine Tel./Fax 0039-0323-70595, RT: Di, Mi-Mittag. Preise: gehoben.

CA BIANCA – bei Cànnero. Ein Romantikziel in bester Lage am See mit Blick auf die Castelli-Inselchen, zur Liegenschaft gehört ein Bootssteg an der südlich anschließenden Uferpartie. So kommen die Gäste zu Land, aber auch über Wasser, und mancher Galan nutzt die Chance, mit elegantem Schwung anzulegen. In solch exponierter Romantiklage sollte man keine Küchenwunder erwarten, aber eine zuverlässige Grundqualität wird durchaus geboten. Ein Tages-Mittagsmenü zu 30 Euro liest sich etwa so: Thun-

Schön kitschig – Terrasse Cà Bianca

carpaccio, hausgemachte Ravioli, Dorade aus dem Ofen, Obstsalat. Bei Kaiserwetter und Lust auf traditionelle Stimmung sicher eine Option. An Wochenenden ist mit hohem Aufkommen von Kulissenesser zu rechnen, aber der Fleck hat was – ein Fläschle, ein paar Antipasti, eine frische Pasta, warum nicht.

Cà Bianca, via Casali. Unterhalb der Küstenstraße Cannobio-Cànnero auf Höhe der Castelli-Inselgruppe. ♠ Terrasse mit fast kitschig schönem Blick, Tel. 0039-0323-788038, über Mittag und ab 18.30 Uhr, RT: Mi, Preise: moderat.

Zimmer mit Ausblick: Auf Höhe der Castelli-Inselchen, nur wenige Meter nördlich der Abfahrt zum Ristorante Ca Bianca, fällt direkt an der Straße des öfteren ein kleines, blau-weißes „Camere"-Schild auf. Nach spitzer Abzweigung und zwei Serpentinen erscheint eine verwunschene Kleinlandwirtschaft mit Vermietung. Alles ganz einfach, aber nicht ohne Reiz. Vom Garten Traumblick auf die kleinen Castelli-Inseln. Die paar Zimmer sind einfach aber genügend, hinzu kommt ein Appartement in einem separaten Gebäude. ♠ Freisitz mit Blick auf den See (vgl. vorige Seite), gastliche Gastgeber. **Camere** bei *Arnalda e Mario Albertella*, Via Casali Ginella, 6, I-28821 Cànnero Riviera, Tel. 0039-0323-788270, Fax: 788555. Preise: sehr preiswert.

Cànnero Riviera

Die Gnade der besonderen Lage: Cànnero liegt – klimatisch mehr begünstigt als mancher Nachbarort – auf dem geschützten Flußdelta des Rio Cànnero. Der bissige Nordwind wird von Bergen abgehalten, der Durchgangsverkehr von einer landeinwärts verlaufenden Küstenstraße. So konnte sich auf dem Schwemmland über dem See ein heiteres Gespiel aus älteren Villen, engen Gassen und neuen Ferienanlagen

Die Gnade der besonderen Lage – Cànnero Riviera

etablieren. Der üppigen Vegetation wird alljährlich Mitte März mit einem Festival der *Agrumi di Cànnero* gedacht. Derart üppige mediterrane Gärten mit Bananenstauden, Bougainvillen, Kamelien und Zitrusbäumen sind selbst an den oberitalienischen Seen selten, dazu noch der Blick auf die verschneiten Alpen. Seit 1947 trägt Cànnero, staatlich geprüft, den touristischen Adelstitel *Riviera*.

Gli Agrumi di Cànnero waren einst Handelsware, heute

Cànneros bestes Stück – der Lungolago delle Magnolie

werden die Früchte wie Pretiosen ausgestellt, zum alljährlichen Festival Mitte März auch im schönen *Hotel Cànnero*, wo zudem eine ausgezeichnete Marmelade aus der Lokalspezialität gekocht wird. Trotz aller Festivitäten, die meisten Zitrusgärten mußten längst jenen Ferienvillen weichen, die oberhalb von Cànnero den Berg hinauf reichen. Die steilen Südhänge an der Straße nach Viggiona könnte man als Deutschen Hügel bezeichnen. Mehr Casa Anita und Gabriele ist selten – im Halbrund der Bergflanken verteilt, Logen über dem See.

Auch das historische Cànnero unten am Flußdelta ist mit dem Tourismus etwas aus den alten Fugen geraten. Südlich der Flußmündung das neuere Cànnero Riviera mit einem Campingplatz, anschließend der für Seeverhältnisse große und schön angelegte Badestrand mit Terrassen in reiner Südlage, dann der Yachthafen und der großflächige Timesharing-Komplex der Schweizer Gesellschaft *Hapimag*. Ein Feriendorf im Touristendorf mit 133 Mittelklasse-Appartements, die ordentlich übereinander geschichtet wurden.

Privatparkplatz – Riva Aquarama Special am Hotel Cànnero

Der alte, ungleich idyllischere Teil Cànneros beginnt wenig nördlich der Flußmündung, und hier bekommt man alles, was einen angenehmen Ferienort ausmacht: Der prächtige *Lungolago delle Magnolie* führt als verkehrsfreie Promenade am See entlang, praktischerweise mit Appartements und zwei Hotels von gestylt bis klassisch (vgl. unten).

Vom Leben am See: Nach der jüngsten Renovierung gehört die Seepromenade von Cànnero zu den schönsten am See, lässiger als hier kann man kaum seine Vormittagszeitung lesen. Wer sich nach Lektüre der üblichen Mißstände etwas abkühlen möchte, steigt einfach eine Treppe tiefer und schwimmt raus. Nach ein paar Zügen im See sieht die Welt anders aus.

Wir haben hier mal einen Ruheständler getroffen, der zwanzig Jahre lang in sein Ferienhaus nach Cap Ferrat fuhr, dann entdeckte der einst erfolgreiche Fotograf das Hotel Cannobio am Ende der Promenade, sein Riva Boot fand einen Platz am Anleger direkt vor dem Hotel. Seither kommt

Bestlage am Bootsanleger – Hotel Cànnero

er jedes Jahr mindestens zweimal hierher und das Haus an der Cote d‘ Azur wird mehr und mehr vernachlässigt. Wobei der gute Mann sein Morgenbad vor der Zeitung zu genießen pflegt.

Speziell um den Bootsanleger beim Hotel Cànnero hat sich mit diversen Caféterrassen eine Bühne über dem See etabliert, die vom ersten Cappuccino bis zum letzten Glas Merlot zu schier allen Gelegenheiten eines heiter verlebten Ferientages paßt. Angenehm ist es auch, hier ein paar Momente absichtslos zu verweilen, während die Geschäftigen sich aufs Linienschiff drängen. Das interessante an solchen Plätzen ist ja auch, daß sie uns ein modernes Dilemma so schön vorführen. Alle wollen Freizeit haben, aber wenige können etwas damit anfangen. Vor dem Hotel Cànnero wäre ein wunderschöner Übungsplatz.

In den ansteigenden Gassen hinter der Seepromenade schließlich die üblichen Läden in anregender Mischung, von der Holzofenpizza bis zur Postkarte ist alles zu haben. Nur was die Fassadenromantik der Gassen angeht, kann es

Heiter am See – Hotel Cànnero am Lungolago

Cànnero nicht ganz mit Cannobio aufnehmen. Die gefällige Struktur und die warme Lage gleichen das kleine Defizit jedoch allemal aus – ein Ort für alle Gelegenheiten.

Hotel CÀNNERO. Selten fällt ein Urteil so leicht wie beim Hotel Cànnero in Cànnero – ohne Zweifel das eleganteste und angenehmste Haus in erster Lage am See. Eine Lieblingsadresse für alle, die klassische Lago Maggiore Stimmung schätzen. Ein inhabergeführter Familienbetrieb seit Generationen, gegründet 1902 in Bestlage unmittelbar gegenüber dem Bootsanleger. Das Anwesen wurde wieder und wieder erweitert, erst unlängst umfassend und stilvoll renoviert, wobei ein weiteres Nebengebäude in die Liegenschaft integriert wurde. Heute gehört das 100 Betten-Haus mit seinen teils historisierend möblierten Zimmern, den großzügigen Salons, mit Terrasse und Bar an der Seefront zu den touristischen Fixpunkten im Ort. Auch deshalb, weil sich zur Saison zwischen Café- und Restaurantterassen ein heiteres Leben am See entfalten kann, man hat hier nie das

Frische Blumen und altes Hotelsilber – Hotel Cànnero

Gefühl in einer abgeschotteten Anlage zu logieren. Wer sich zurückziehen will, findet im Innenhof und auf der Dachterrasse aber auch stillere Plätze. In den Salons halten sich Polstermöbelgemütlichkeit und Terracotta-Landhausstil so eben die Waage. Die Dimensionen des Hauses sind noch übersichtlich, der Ablauf besorgt-persönlich: ein seit Generationen eingelaufenen Familienbetrieb, die Seniorchefin steht noch täglich auf Deck, Sohn und Tochter sind im Betrieb voll integriert. Kein Luxuskasten, sicher kein Eventhotel mit modischen Aufgeregtheiten, sondern eine angenehme Bleibe für Gäste, die soliden Komfort am See schätzen. Das Hotel-Restaurant ist allein schon der Lage wegen (auch für Passanten) ein interessanter Platz. Der routinierte Service und die konventionelle Küche sorgen für risikoarme Einkehr.

Hotel Cànnero, am Lungolago delle Magnolie, I-28821 Cànnero, Tel. 0039-0323-788046. Fax: 788048. www.hotelcannero.com, Tennisplatz, Pool im Innenhof, Weinkeller, ♠ Restaurant-Veranda und Café-Terrassen mit Seeblick. Von Anfang März bis November. Preise: mittel-gehoben.

Schlichte Eleganz – Hotel Arancioamaro, Cànnero

ARANCIOAMARO. Ebenfalls in prominenter Lage, direkt am kleinen Hafen und am Beginn der Seepromenade liegt das von Grund auf renovierte und frisch durchgestylte Kleinhotel mit acht freundlichen Zimmern, davon eine Suite und eine Juniorsuite im 2. Stock. Das in die Jahre gekommene ehemalige Miralago wurde erst im Frühjahr 2011 als Hotel Arancioamaro wieder eröffnet – die freundliche Pastellfassade, die lichten, elegant möblierten Zimmer und die selten exponierte Lage an Cànneros schönster Flaniermeile sprechen für das Haus – wobei Ausstattung und Lage natürlich bezahlt werden müssen. Wer eine komfortable Bleibe in Bestlage sucht, wird hier zweifellos fündig. Was bei unserem Besuch etwas fehlte, war jene zugewandte, gastnahe Atmosphäre, wie sie andere Kleinhotels dieses Formats haben, oder eben nicht haben. Die Hartware stimmt zweifellos, das letzte Wort hat wie immer der Gast. Ambitioniertes Restaurant.

Hotel-Ristorante Arancioamaro, Viale delle Magnolie, 13, I-28821 Cànnero Riviera, Tel. 0039-0323-788398/788343, www.arancioamaro.it. ♠ Seeterrasse. Preise: gehoben.

So fing alles an – in Cànnero am Lungolago

Im historischen Ortskern: Im verwinkelten Altstädtle, das hinter der Seepromenade beginnt und rauf bis zum zentralen Parkplatz/Parkhaus reicht, finden sich die üblichen Anlaufstellen, darunter auch eine beliebte Pizzeria mit dem etwas seltsamen Namen *Sano Banana,* ein Multifunktionstreff mit Bar, Restaurant, Innenhof und Holzofenpizza.

IL CORTILE – Cànnero. In der zentralen Altstadtgasse Via Massimo d'Azeglio hat der Schweizer *Arno A. Sgier* einen, seinen Traum verwirklicht. Ein Gebäude aus dem 14. Jahrhundert aufs Feinste restauriert und geschmackvoll ausgestattet, das Ergebnis sind neun komfortable Doppelzimmer, im Innenhof das gepflegte Restaurant mit demonstrativ-ambitionierter Küche. Speisenbeispiel: „Kürbisblüte gefüllt mit Büffelmozzarella in Tempura mit Zucchinicreme an Minze", oder „Piemontesische Teigtasche gefüllt mit Taubenragout an leichter Kichererbsen-Creme, parfümiert mit Rosmarin." Also wartet in einer Gasse wenig hinter der Seefront ein Schmuckkästchen mit persönlicher Handschrift, ein Lu-

Propere Mittelklasse – La Trattoria (da Gino & Gabi), Cànnero

xusversteck, wo Möbel und Vasen stets am richtigen Fleck stehen.

Albergo Ristorante Il Cortile (Arno A. Sgier), via Massimo d'Azeglio 23 (zentral, im historischen Ortskern), I-28821 Cànnero, Tel./Fax: 0039-0323-78 72 13, Ende März bis Ende Oktober, www.cortile.net. Zimmerpreise gehoben, im Restaurant: hoch.

Ristorante LA TRATTORIA (da Gino & Gabi): Gleich an der Zufahrt runter zum alten Ortskern wartet eine eher helvetische Interpretation des Trattoriakonzeptes. Die Schweizerin Gabi und ihr Mann Gino wirten in einem überaus proper hergerichteten Anwesen: gleich ob Rasenpflege vor der Gartenterrasse, funktionale Möblierung drinnen, Ton im Service oder Präsentation des kulinarischen Angebots – die Trattoriakultur zeigt sich hier transformiert, speziell für die überwiegend nordalpinen Gäste. Man erwarte also keine kernechte italienische Stimmung, sondern frisch zubereitete Mittelklasseküche mit Piemonteser Zitaten.

La Trattoria da Gino e Gabi, Via Dante 12, I-28821 Cànnero, Tel:

0039-0323-788160; ♠ gepflegte Gartenterrasse, tägl. ab 18.30 Uhr; So auch über Mittag.

Badestrand und Badewetter in Cànnero: Platz am See, eher eine Ausnahme an der Piemonteser Küste: zwischen der Flußmündung des Rio Cànnero und dem Park liegt ein gut 300 Meter langer *Süd*-Strand mit grobem Sand und Kieseln, erst 2003 wurde die Badebucht mit großzügige Sonnenterrassen aus mächtigen Granitquadern erweitert, dahinter viel Platz auf der ebenen Liegewiese, auch Schattenplätze *(Panoramica Romeo Mojoli)* – einfach den Campingplatzschildern folgen. Alles in warmer Südlage.

Sonnenfleck an der Westküste – Cànnero Riviera

Sonnenfleck Cànnero

„Ich habe an einem einzigen Tag, ja schon innerhalb einer Stunde, Temperaturunterschiede von vier bis sechs Grad Celsius, im Vergleich zu anderen Orten der Verbania, festgestellt.“

Siegfried Obermeier in seinem – leider vergriffenen – PRESTEL-Band Lago Maggiore.

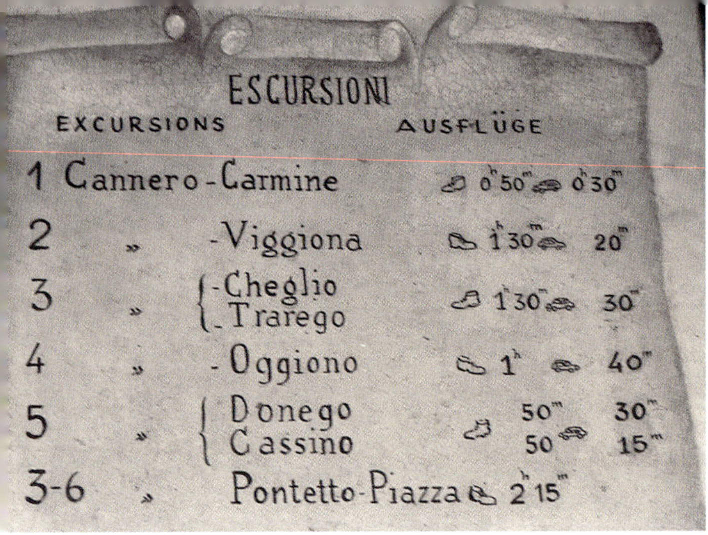

Alter Wegweiser an der Straße nach Viggiona

9 ▶ Um Cànnero – Viggiona und Tràrego

Ein Abstecher ab Cànnero auf der gut ausgebauten Bergstraße rauf nach Viggiona und Tràrego gehört eigentlich zu jeder Tour am Westufer des Lago. Schon drei, vier der mächtigen Serpentinen genügen und man gerät ins Schwärmen: Eine steile Südflanke am Fuß des 1.116 Meter hohen Monte Carza mit Helikopterblick auf den See, schöner die Villen kaum liegen. Die Wirtschaftswunderjahre (nördlich der Alpen) haben sich hier auf eine vergleichsweise diskrete Art materialisiert, gepflegte Zweitwohnsitze liegen im dichten Grün, der Abstand zum Nachbarn garantiert Privatheit.

Viggiona: Im weiteren Verlauf der Bergfahrt wird der Villenbestand dünner, die Wälder dichter, später dann, auf 600 Metern über Meereshöhe, verschwindet der mediterrane Bewuchs zugunsten von Eßkastanienwäldern und Nußbäumen, das Alpine kommt näher. Die mediterrane Welt des Seeufers wird noch weiter oben bei den Alpen am Monte Pian Bello schließlich zur „Mondo granito". Zunächst aber

Früher war nicht alles besser – Sonntag in Viggiona bei Cànnero

der Weiler Viggiona auf knapp 700 Metern: hier direkt an der Ortsdurchfahrt zwei lohnende Restaurants, beide bieten auch Unterkunft. *La Luna* und *Usignolo* (vgl. unten).

Die schlechte alte Zeit: Auf der historischen Aufnahme oben präsentiert sich die Ortseinfahrt von Viggiona ganz anders als heute: Mit Staubpiste und ärmlicher Bruchsteinoptik, die nicht romantisch, sondern nur ärmlich wirkt. Dafür sprechen schon Blicke und Kleidung der Ortsbewohner. Um so mehr Respekt verdient das weiße Hemd der Herren auf dem Foto.

Heute trifft man Handwerker, Residenten und Ausflügler in den beiden Restaurants von Viggiona und es gibt mittags ordentlich was zu Essen. Im Luna sitzt, im Halbschatten des kapitalen Nußbaumes, ein Mann mit seiner Frau und einer Flasche Rotwein. An einem dieser Sommermittage, die hier oben über'm See etwas diskret Abgehobenes haben. Der Sommerfrischler ist, wie sich herausstellt, ein Zahnarzt aus Ascona, einer mit der heiteren Gelassenheit eines er-

Einfach gut – im Speisesaal der Nachtigall (Usignolo)

folgreichen Selbstständigen, bestens informiert über dies und jenes. Auch über die Irrungen des Europäischen Gesundheitswesens: „Ihr werdet doch alle beschissen", sowie über die Gefahren der Osterweiterung: „Das geht bachab". Es folgt ein kleiner, aber durchaus differenzierter Vortrag zu Vor- und Nachteilen der Schweizer Inselpolitik. Der Zürcher Dentist kam vor 25 Jahren ins Tessin, „damals gab es 5 Zahnärzte im Raum Locarno-Ascona, heute sind es gut 50." Er bereut seinen Schritt nicht, aber er ist einer, der es auch anderswo geschafft hätte.

Auch ein paar Meter weiter dorfaufwärts, im Restaurant *Usignolo* (= Nachtigall), wird halb deutsch, halb einheimisch geredet. Man kennt sich, Ferienhäusler und Handwerker gehören zu den Stammgästen, wer hier seine Mittagspasta auf der Terrasse einnehmen kann, oder an einem klaren Wintertag nahe beim offenen Kamin oder am Panoramafenster sitzt, hat gewiß nicht alles falsch gemacht.

Solide und preiswert in den Bergen – Hotel Garni Viggiona

LA LUNA – Tràrego-Viggiona (Ristorante mit dazugehörigem Hotel Garni *Viggiona).* Die Lage in der Kurve am Ortseingang stimmt und die Grundstimmung paßt auch. Drinnen mit einer Bar für das schnelle Bier vor der Bergfahrt, im Speiseraum dann Zeichen für eine substantielle Küche: einfach aber sorgfältig gedeckte Tische, draußen besagte Terrasse im Halbschatten eines Walnußbaumes. Dem Luna fehlt es zwar an Seeblick, den allein der höher gelegene *Usignolo* bietet, aber jedes der beiden Häuser hat einen eigenen Fanclub. An einem gewöhnlichen Werktag kommen Ortskundige zum täglich wechselnden Mittagstisch ins Luna, eine bunte Mischung aus den Villen überm See, zufällige Tagesgäste, Handwerker, Motorradpaare. Die Küche ist ordentlich, die Weinauswahl mehr als ausreichend, das Tagesgericht (etwa: geschmortes Kaninchen mit Gemüse) paßt zur rustikalen Umgebung. Fazit: Eine unproblematische Einkehr über'm See.

Zum Restaurant gehört seit 2002 das *Hotel Garni Viggiona*: acht geräumige Zimmer im Bungalowstil nebeneinander-

Luftig über Cànnero – Ristorante Usignolo in Viggiona

gebaut, ruhige Lage am Ortsrand auf einer Sonnenterrasse. Gute Ausstattung und vernünftige Preise (nicht erhöht seit der Eröffnung) sprechen für die Unterkunft, die besonders Wanderern, Bergziegen und Naturfreunden als Ausgangspunkt für Exkursionen dienen kann. Runter zum See sind es auch nur vier Kilometer.

Ristorante La Luna, I-28826 Tràrego-Viggiona, Tel. 0039-0323-78 80 50.

Hotel Garni Viggiona (Giancarlo Carmine), Via Provinciale per Tràrego, Tel. 0039-0323-78 80 50, www.garniviggiona.it. Hotel-Preise: günstig.

Usignolo – Tràrego – Viggiona, direkt an der Talseite der Straße nach Tràrego liegt eine Aussichtskanzel mit luftiger Sommerterrasse. Die Lage ist im Wortsinne hervorragend, der Blick grandios, sowohl von der exponierten Terrasse als auch vom großen Saal drinnen. Der empfängt in typisch Piemonteser Landgasthofmanier, mit Keramikboden und offenem Kamin, großer Fensterfront, langen Tischreihen und Grissini auf den Tischen. Aber nicht

Ein guter Start – Bruschetta im Ristorante Usignolo

nur der Rahmen stimmt hier, auch die Küche paßt zum ländlichen Raum, es gibt Fleisch vom Grill, üppig portioniert, dito die Pasta, für hungrige Handwerker und sparsame Touristen gibt es werktags ein Tagesmenü solange der Vorrat reicht, das Wichtigste aber ist: der Platz macht einfach Laune, das familiäre Betriebssystem ebenso – einfach ein Gunstfleck.

Ristorante Usignolo (Grassi Dario e Claudio) I-28826 Tràrego-Viggiona, Tel. 0039-0323-78 83 56, RT: Di, www.usignolo.biz.

Residence Usignolo: ein Dorf weiter in *Cheglio* (773 Meter über dem Meer, fast 500 Meter über dem Seespiegel) haben die Wirtsleute vom Usignolo im Sommer 2011 ein neues Appartementhaus eröffnet; der Neubau liegt an der Straße nach Tràrego, direkt neben der kleinen *Elios Bar*. Sechs Appartements auf zwei Stockwerken (vier Einzimmer, zwei Zweizimmer), alle mit ♠ Terrasse und weiter Sicht auf Berge und See, Tel. 0039-0323-78 83 56, www.residenceusignolo.it. Preise: mittel.

Landstraße 1. Ordnung – in Tràrego-Cheglio

Nach Tràrego: Weiter auf der Bergroute wird zunächst der Ortsteil *Cheglio* (mit der Elios Bar und der Residence Usignolo, vgl. vorige Seite), dann der Hauptort *Tràrego* erreicht. Mit Glanz und Elend dieses Bergdorfes wird man schon bei der Einfahrt konfrontiert. Seit Jahren blättert die Fassade eines ehemaligen 30 Zimmer-Berghotels vor sich hin. Das Anwesen wurde lange per Internet zum Kauf angeboten, mit dem Hinweis, das Beste wäre wohl ein Umbau zu „zehn bis fünfzehn Appartements". Ob sich jemand auf das Abenteuer einläßt?

Überlebt hat bis heute der sympathische Einfachst-Albergo *La Perla:* großartig gelegen, gesegnet mit einer der reizvolleren Bocciabahnen Italiens. Neugierig? Einfach mal rauffahren nach Tràrego, im Schatten der Pergola verweilen und auf den See runterstaunen. Treiben lassen geht ja nicht nur im Wasser, sondern auch an Land. Hier zum Beispiel.

LA PERLA – Tràrego. Die Lage ist grandios, die Zimmer sind einfach bis einfachst, Waschbecken im Zimmer, aber ordentlich und sauber, dazu ein Schlag Jugendherbergsstimmung. Die Terrasse draußen,

Ein Nest in den Bergen – La Perla, Tràrego

erst recht die patinierte Bocciabahn ist eine Klasse für sich – rundum ein Panorama mit Bergen, Kirchturm und See. Freundlicher Familienbetrieb, der macht, was er kann und sich bislang am Renovierungsstau nicht störte. Im Haus eine Bar, auch einfache Speisen hausgemacht. Ein charmantes Bergnest für Naturburschen, denen der Bergbach wichtiger ist als ein Whirlpool im Zimmer. Und wie gesagt: ♠ „die" Terrasse. Albergo *La Perla,* I-28826 Tràrego, Tel. 0039-0323-78 81 46. Ein Teil der einfachen Zimmer mit Bad, ein Teil ohne. RT: Mi. Preise: günstig.

Weiter in die Berge: Von *Tràrego-Cheglio* bis *Manegra* bei Oggebbio. Die lohnende Bergfahrt führt ab Tràrego-Cheglio weiter in die Berge und erreicht bald den *Grotto Monte Carza,* eine einfache Sommerstation ohne landschaftlichen Reiz am Fuß des gleichnamigen Berges, davor ein kleiner, öder Stausee. Die imposante Bergstrecke führt weiter und tiefer in die Bergwelt am *Monte Zeda*: zunächst bis an den Fuß der *Cima l' Alpe* (1.348 m), dann nach Süden die Steilflanke des *Monte Spalavera* (1.534 m) schneidend zur Paßhöhe und zum exponierten Aussichtspunkt bei der Häusergruppe *Alpe Il Colle* (1 238 m). Von der Alpe Colle dann auf guter, kurven-

Herbst am Hang – zwischen Oggebbio und Manegra

reicher Straße Weiterfahrt über Piancavallo bis zum Bergnest *Manegra* (883 m, auf der Höhe über Oggebio); weiter über Premeno hinunter nach Verbania

- Ab Alpe di Colle: **Agriturismo Alpe Archia,** Via Contrada Archia 1, Mobil: 0039-349-682 17 69, Tel. 0039-0323-49 65 67, geöffnet von Mai bis Oktober, Sa und So Polenta mit Fleisch von eigenen Tieren.

- **Albergo Manegra:** Das Haus in den Bergen oberhalb Oggebio wurde bereits vor 100 Jahren als Albergo eröffnet, nach dem 2. Weltkrieg diente es als Kinderferienheim. Nach langem Leerstand wurde der einfache Albergo vor gut zehn Jahren teilrestauriert (Bild vgl. S. 184). Schlichte Zimmer, Dielenböden, Resopalschränke. Für

Wanderer und Tourenfahrer interessant die aufrichtige Küche (ein Menü, selbstgemachte Pasta, Wildgerichte). Zur Saison ein beliebter Ausflugsort für Familien, an sonnigen Wochenenden brummt der Laden, dann reservieren, sonst ruhig. Ideale Wandergegend mit - für italienische Verhältnisse - gut markierten Wanderwegen. ♠ Terrasse mit Bergblick. *Manegra di Oggebbio*, I-28818 Premeno (VB). Tel. 0039-0323-58 71 73, www.dislocanda.it, 12 Zimmer. Preise: günstig.

Nach Verbania: Von Manegra führt die Weiterfahrt über die Weiler um *Premeno* runter zum Seeufer bei *Verbania Intra* (ca. ½ Std). Unterwegs immer wieder Tourenmöglichkeit und Anhaltepunkte, insgesamt eine der großen Bergfahrten über dem Westufer des Sees.

10 ▸ Zwischen Cànnero und Verbania

Auch zwischen Cànnero und Verbania folgt die Uferstraße SS 34 der bewährten Westküstendramaturgie: in gefälligem, oft auch gewagtem Schwung direkt über dem See. Im spitzen Winkel führen Stichstraßen zu höhergelegenen Ortsteilen, Ferienwohnungen oder Hotels. Wer in diesem Küstenabschnitt nur durchfährt, ahnt kaum, welche Plätze nur ein paar Kurven höher warten, etwa um Oggebbio.

Um Oggebbio: Mit seinen am Hang verstreuten Fraktionen und Villen ist Oggebbio eine jener Seegemeinden, deren kultivierte Schönheit dem Uferstraßenpassanten verschlossen bleibt. Unten am Ufer ist vom Reiz der höhergelegenen Siedlungen *Gonte, Quarcino* und *Piazza* jedenfalls kaum etwas zu ahnen. Weiter oben dann das volle Programm: Villen mit eidechsenüberhuschten Bruchsteinmauern begleiten schmale Straßen. Ab und zu Blicke in Parks und Gärten, die

Zivilisatorische Pflicht für alle – der Brunnen in Oggiono

zwischen Pflege und Verwilderung so vor sich hin gedeihen. Enge Kehren, Spitzkehren mit Spiegeln, in denen sich hoffentlich kein Gegenverkehr abzeichnet, und dann wieder so eine selten genutzte Villa mit einem Duett Charakterpalmen. Schließlich der kleine Platz vor der Dorfkirche, der letzte Alimentari, eine Bar. Lebensraum klingt abgegriffen, paßt aber gut zu den Hängen von Oggebbio.

Und es paßt auch gut, daß in einem dieser Bergdörfer, ziemlich weit oben und weit hinten, daß also in Oggiono oberhalb Cànnero ein Dorfbrunnen überlebt hat, der auch im Hochsommer kühles Trinkwasser spendet. Auf dem Schild am Brunnen steht:

> *„Die Sauberkeit eines Brunnens ist eine zivilisatorische und erzieherische Pflicht für Alle."*

Auf der anderen Seite des Brunnenrohrs hängt ein Trinkgefäß für alle. So, und jetzt betrachten wir im Geiste einen dieser Kunst-im-öffentlichen-Raum-Brunnen in einer deutschen Fußgängerzone und bleiben ganz ruhig.

Sonnige Zimmer am Steilhang – B&B Casale, Cànnero-Cassino

B&B Casale, in Cassino am sonnigen Steilhang oberhalb Cànnero liegt ein im Jahr 2010 eröffnetes Bed&Breakfast in Bestlage. In einem Dorfhaus funktional möblierte, drei helle Zimmer und eine Appartment-Wohnung, auf der Gartenterrasse hoch über dem See eine Badezone mit Whirlpool. Das von Grund auf renovierte Haus liegt in selten exponierter, selbst im Winter sonniger Lage. Fam. Dresti, Via Maestra Nr. 6, I-28821 Cànnero-Cassino, Tel. 0039-0232-73 97 08, www.bedandbreakfastlagomaggiore.it. Mittlere Preise.

BEL SOGGIORNO – Oggebbio. Wie an der Westküste üblich, führt auch in Oggebbio ein scharfer Abzweig hinauf zum höher gelegenen Ortsteil *Oggebbio-Gonte:* Oben dann ein richtiges kleines Dorf mit markanter Kirche, Post, Metzger, Ortsplatz und letzten Originaleinwohnern, die im Alimentari noch ein paar Kleinigkeiten besorgen. Schon etwas davor, am Ortseingang über der Straße, ein Dreiklang von Hotel-Ristorante-Pizzeria. Das Bel Soggiorno liegt in Panoramalage über dem See, die Terrasse ein Traum, der nur etwas unter der Plastikstuhlmöblierung leidet. An-

Blaue Stunde – Bel Soggiorno in Oggebbio

sonsten beste Aussichten und eine selten leistungsfähige Bewirtung, der Chef backt die gelungene Holzofen-Pizza. Speditiver Service, Pasta und andere Gerichte erreichen ordentliches Niveau, dito die Weinkarte, für den Rest sorgen Lage und Blick.

Die historischen Aufnahmen hinter der Rezeption zeigen, daß hier schon immer eine wichtige Anlaufstelle war, was heute umso mehr gilt. An lauen Sommerabenden trifft sich der halbe Ort auf der Terrasse zur Pizzabonanza, die Innenräume wirken freilich eher schlicht. In den oberen Stockwerken wurden in den letzten Jahren noch ein paar Gästezimmer eingerichtet, diese ebenfalls mit grandiosem Blick, teils mit Balkon, alle funktional möbliert, mit guten Betten und sauberen Bädern – Hauptattraktion bleibt aber die Gastronomie. Mitunter brummt der Laden abends wie ein Bienenkorb, was einen angesichts von Lage und quirligfamiliärem Betriebssystem nicht wundert. Einer Mischung aus Einheimischen, Wandervögeln und internationalen Sommerfrischlern gefällt es hier. Die geschützte Lage er-

Feiner Rückzugsort – Villa Margherita,Oggebbio-Gonte

möglicht die Bewirtung bis weit in den Herbst. Am steilen Piemonteser Ufer eine der unkomplizierten Adressen, offen auch in der Nebensaison, somit ideal für spontane Fluchten, fast das ganze Jahr über. Platanenbeschattete Terrasse mit Platz für 120 Gäste.

Hotel/Rist./Pizzeria Bel Soggiorno, via Caremoli 12, I-28824 Oggebbio-Gonte. Tel./Fax 0039-0323-481 14, www.albergobelsoggiorno.it. Die meisten Zimmer zur Seeseite, einzelne mit Balkon. Terrasse. Preise: mittel. (Spitzer Abzweig von der SS 34, wenige hundert Meter südlich der Auffahrt zur Villa Margherita, beschildert).

VILLA MARGHERITA – Oggebbio. Eine apart über der Küstenstraße gelegene Villa, diesmal mit allen Zutaten des kleinen, feinen hideaways. Die Gastgeber haben hier einen Solitär geschaffen, dessen Lage einen gleich betört. Es wartet eine Mischung aus individuell geführtem Landhotel, Luxusversteck, Rückzugsort. Zu beachten wäre freilich, daß die Villa auch offensiv für Empfänge und Anlässe genutzt wird, so sind viele Sommerwochenenden lange

Frühstück überm See – Villa Margherita, Oggebbio-Gonte

im voraus für Hochzeitgesellschaften und Geburtstage reserviert. Auch bleiben die Vorbereitungen der Festivitäten bei so einem Kleinhotel nicht verborgen, was den entspannt-lässigen Hotelbetrieb für Individualgäste mitunter ebenso tangiert, wie eine Gruppe vorlauter Gäste. Bei der recht hellhörigen Terrassenlage bleibt der Gast auf die Rücksicht seiner Mitgäste angewiesen. Einerseits, andererseits ist die Attraktion des Platzes ziemlich einzig an der oberen Westküste, Panoramaterrasse und Pool über dem See, gepflegter Rasen und Umschwung, fein gewählte Farben, auch die gediegene Ausstattung der (sehr unterschiedlichen großen) Zimmer paßt zum Konzept. Die Basis bildet ein gut ausgestattetes – aber nicht aufgerüschtes – Villenensemble in Bestlage, die Rückseite der Anlage grenzt direkt an das reizende Bergdorf Oggebbio-Gonte, die Front der Villa schaut auf den See. Dazwischen verteilen sich Terrassen, Gärten, Winkel und die 18 individuell gestalteten Zimmer und Salons. Bei allem Komfort nervt hier kein demonstrativer Luxus, Oligarchen dürften sich hier so wenig wohlfühlen wie

Stille Qualität – Villa Margherita, Oggebbio-Gonte

neureiche Aufschneider. Die Villa Margherita ist eher etwas für die happy-few dazwischen und in dieser Klasse ziemlich allein. Ein Basislager für Tage absichtslosen Wohlergehens, die Küche bietet ein üppiges Frühstückbuffet und (derzeit) eine kleinere Mittags- und Abendkarte.

Hotel Villa Margherita (Ruffatti/Meier), Via G. Polli 11, I-28824 Oggebbio, Tel. 0039-0323-491006 Fax: 491928, www.villa-margherita.it. ♠ Terrassen und Park in Bestlage. Preise: hoch. (Beschilderter Abzweig von der SS 34, auf Höhe der Casa Vela).

Genau gegenüber der Auffahrt zur Villa Margherita eine kleine, angelegte **Badezone mit Bootssteg**, darüber ein Kiosk mit Vinothek, Bootsverleih, Sommerterrasse. Zur Anlage gehört auch ein Schirm- und Liegestuhlverleih auf einer schmalen, aber gepflegten Rasenterrasse (hier Eintritt) am Wasser. Es gibt sicher schönere Badestellen, aber wenige, die sich so zum Beobachten der italienischen Strand- und Sommerrituale eignen.

Hart am Hang bleiben – zwischen Oggebbio und Ghiffa

Fraktionen, Straßen und Blicke um Oggebbio

Drei Auffahrten führen von der Küstenstraße SS 34 hinauf zu den höhergelegenen Fraktionen von Oggebbio. Von Norden kommend wäre schon der Abzweig rauf nach *Barbè* lohnend: ein paar scharfe Serpentinen führen zu der glücklich am Hang gelegenen Siedlung mit alten Villen und Gärten, mal verwildert, mal gepflegt. Üppige Vegetation auf kleinen Parzellen, Wein und Obst und dazwischen Gärten mit einer Palme an der richtigen Stelle. Von Barbè führt ein schmales, aber gut befahrbares Sträßlein oben am Hang lang in Richtung *Quarcino* und *Gonte* – eine stilles Traumsträßchen. In Gonte ist die Durchfahrt durch das schmale Ortszentrum aber nicht erlaubt, die beiden zuvor genannten Unterkünfte *Bel Soggiorno* und *Villa Margherita* sind nur über Abzweige von der Küstenstraße aus erreichbar.

Der zweite Abzweig von Uferstraße in Richtung Oggebbio ist leicht zu erkennen, da identisch mit der beschilderten Zufahrt zum Hotel Villa Margherita. Die kurze Zufahrt zweigt von der SS 34 an der Residenz *Casa Vela* ab.

Hohe Mauern, alte Villen – in den Hügeln bei Ghiffa

Gondeln von Oggebbio-Gonte bis Ghiffa: Der südlichste Abzweig von der SS 34 führt schließlich direkt hinauf nach *Oggebbio-Gonte* (zugleich Zufahrt zum Hotel Bel Soggiorno, vgl. dort). Oben in Gonte lohnt es, auch mal durch die (wenigen) Gassen zu ziehen. An der Piazza bei der Kirche zudem eine kleine Bar mit ein paar Tischen unter schattiger Pergola.

Über Gonte hinausführend erreicht das Sträßchen in zwei, drei Kehren schließlich die kleine Verbindungsstraße über *Camogno, Novaglio* und *Deccio, Ronco* nach *Ghiffa:* eine namenlose Traumpassage, ideal auch als geruhsame Alternative zur verkehrsreichen Uferstraße. Villen, Gärten und Seeblick im anregenden Wechsel. Gleich schön zu Fuß, mit Rad oder Auto. Vereinzelt haben an der Route nun auch Bed&Breakfast Häuser geöffnet.

Seit 1932 in Betrieb – Brunnen in Piazza bei Oggebbio

Der Brunnen von Piazza: Von *Oggebbio-Gonte* führt noch eine kleine Stichstraße hinauf zur Fraktion *Piazza*. Halt an der winzigen Piazza mit dem Brunnen. Der wurde 1932 gefaßt, ein in Stein gehauener Trog zum Kühlen wanderheißer Arme, zwei Metallstreben zum Aufstellen eines Wassereimers. Wer nicht wie ein Hund trinken will, findet zudem eine angekettete Kelle, mit der das kühle Wasser geschöpft werden kann. Der Warnhinweis zur Wasserqualität kann ignoriert werden, wie ein Einheimischer versichert. Haben Sie nördlich der Alpen schon mal einen Brunnen mit Schöpfkelle gesehen?

- **Wandern um Oggebbio**: Die Fußwege um Oggebbio wurden in den letzten Jahren vorbildlich erschlossen, markiert und durchnumeriert. Die Gemeinde hat eine kostenlose Karte herausgegeben auf der 9 Routen zwischen zwei und sieben Kilometern ausgewiesen sind. An den Startpunkten stehen auch Schilder mit Kartenskizzen. Wer über die Rundkurse hinausgehen möchte, sollte sich aber eine Detailkarte zulegen (vgl. unten).

Von Piazza oberhalb Oggebbio führt ein alter Platten- und Karrenweg hoch nach *Dumera*, ein Teil der alten Steinhäuser verfällt,

Einfache Bergeinkehr – Manegra Dislocanda (vgl. S. 172)

ein Teil wurde zum Wochenendrefugium ausgebaut, in Dumera Abzweig durchs Val Bansc über Corte Comino hoch nach Luera (809 m) an der Straße nach Manegra (beschildert). Oder von Dumera zurück über die *Capella di Bansc* und dann wieder steil runter nach Camogno, und (auf der Straße) vor nach Piazza. Dies ist nur eine von -zig Wandermöglichkeiten, die zwischen Kaffeerunde und Tageswanderung liegen.

Wege und Karten: In der Region *Alto Verbano* und *Val Grande* sind Wanderrouten durchgängig markiert und nummeriert, somit sind große Teile der überaus lohnenden Bergregion am Westufer des Lago Maggiore für italienische Verhältnisse gut bis sehr gut erschlossen.

- *Kompass*-Karte Lago Maggiore/Lago Varese, 1:50.000 (mit vielen Wanderrouten und kurzen Ortsbeschreibungen), oder die *Cartine Zanetti* Parco Nazionale Val Grande, 1:30.000, leider hält auch diese (und manch andere) italienische Wanderkarte nicht, was der große Maßstab verspricht. Auch manch eine eigens eingetragene Wanderroute scheint eher zufällig gelegt. Wo die sonst hervorragenden Schweizer Landeskarten italienisches Gebiet abdecken, basieren auch diese auf den ungenauen, oft falschen Angaben italienischer Karten. Insofern ist Vorsicht geboten. (Vgl. auch «Karten» am Buchende).

Auch so ein blasser Mythos – Castello de Frino, Ghiffa

Nostalgie um Ghiffa: vom mal versteckten, mal eher verblaßten Reiz der 14 höher liegenden Ortsteile vermittelt die Küstenstraße SS 34 im Bereich um Ghiffa wenig. Allenfalls die splendiden Gärten der *Villa Volpi* bieten einen Hinweis auf Garten- und Baukunst als Folge der ersten touristischen Erschließung. Markant wirkt der düstere, bis heute abweisend wirkende Baukörper der alten Hutfabrik *Fabbrica dei Cappelli*, direkt an der Uferstraße. Die ehemals international bekannte Fabrik von *Giovanni Panizza* fertigte ein Jahrhundert lang, von 1881 bis 1981. Zur Blüte während der 40er Jahre arbeiteten über 300 Personen an den Modellen, die aus einem Geflecht aus Kaninchen-, Biber- und Hasenfellhaaren gefertigt wurden. Im bergseitigen Gebäude wurde 1994 ein Hut-Museum eingerichtet, im seeseitigen Teil später Appartements und Ferienwohnungen.

An die guten Tage am See erinnert das Dreistern-Hotel *Ghiffa*, direkt am Ufer, aber damit auch unmittelbar an der Küstenstraße gelegen. Ein konventionelles Sommerhotel mit Oberkellnerstimmung in hohen Räumen, großen Fenster-

Etappe zwischen See und Uferstraße – Hotel Ghiffa

fronten zum See und glänzend gewienertem Fischgrätparkett. Beim nachgelassenen Mobiliar erinnern noch ein paar Jugendstilstücke an eine Zeit, als Holzboote am hoteleigenen Steg anlegten. Für einen Drink und ein paar nostalgische Gedanken sicher kein schlechter Platz. Ansonsten liegen die Reize Ghiffas aber eher hangaufwärts, in den oberen Etagen und Fraktionen.

Ghiffa, Località Frino: in den Hängen oberhalb der Küstenstraße trifft man auf jenes kleinformatige Italien, wie es sich der Nordländer erträumt: Villen und Hütten mit fast spielerischer Hand verteilt, eingewachsene Parks mit geschwungenen Auffahrten, dann wieder kleinbürgerlich gepflegte Gärtchen mit Tomatenspalier und dem sprichwörtlichen Zitronenbaum im Eck.

In den engen Ortsdurchfahrten stellen die Alimentari ihre Obstkisten auf die Straße, drinnen liegt die obligatorische oberschenkeldicke Mortadella in der Kühltheke. Vereinzelt auch mal eine Osteria, oder eine betagte Pension im Schat-

Am Ende nur Nostalgie – Castello de Frino, Ghiffa

ten hoch aufgeschossener Palmen wie die patinierte *Villa Gioiosa* im Ortsteil Frino. Die FAZ vom Tage gibt's aber selbst hier oben, was dafür spricht, daß der Reiz solcher Flecken überregional erkannt wurde.

VILLA GIOIOSA – **Ghiffa.** Eine betagte Villa, sicher kein Edellogis. Kaum etwas hat sich hier geändert mit den Jahren: Ein eingelaufener Familienbetrieb, die „Cucina Emilia" schmeckt ordentlich, die Weinkarte ist gut bestückt. Auch Passanten können im Pensionsrestaurant einkehren, das je nach Saison sehr unterschiedlich vital wirkt. Serviert wird im nüchternen Speisesaal, im Sommer auch auf einer patinierten Gartenterrasse, auch das Frühstück wird im Sommer auf der kleinen Terrasse serviert. Alles ein bißchen im Dornröschenschlaf, der Zimmerstandard kann freilich nicht mehr mit den Preisen mithalten. ♠ Verwunschener Park, gekieste Terrasse. *Villa Gioiosa* (Fam. Gilioli), Corso Risorgimento 236, I-28823 Ghiffa, Località Frino, Tel. 0039-0323-59 218. 7 Doppelzimmer, ein Einzel, 4 Zimmer mit Seesicht und Balkon. Von Ostern bis Mitte Okt. geöffnet, Restaurant-Ruhetag Mo. Restaurant auch im Winter sa- und so-abends geöffnet. Preise: mittel. Zufahrt: Scharfe Kehre ab Uferstraße, entweder direkt gegenüber vom *Hotel Ghiffa* oder die nächste Abbiegung *Villa Ada* – beide ausgeschildert, aber leicht zu übersehen.

→ *Castello de Frino.* Wenig oberhalb, in Sichtweite der Villa Gioiosa,

Eher für Hardcore-Nostalgiker – Castello de Frino, Ghiffa

liegt das stattliche Castello de Frino auf einer großzügigen Parkterrasse. Das Castello wirkt wie eine Adresse, bei der die Nostalgie nicht für zarten Schmelz, sondern für jähes Erstaunen sorgt. In vielen Reiseführern wird die stattliche Liegenschaft noch immer als stimmungsvolles Logis empfohlen. Nun denn, Lage und Bauwerk hätten durchaus Potential, aber dringender Renovierungsbedarf ist hier an mehr als einer Ecke zu spüren. Zwar ruhte sich jüngst ein wunderbarer, eibengrüner Jaguar im dunklen Schatten der Zypressen aus, das Parkett im Speisesaal knirscht noch immer, aber viel anderes knirscht eben auch; der Pool lag 2011 trocken, wie seit Jahren. Man fragt sich, woher manche Reisejournalisten ihre Begeisterung nehmen, von aktueller Ortskenntnis kann sie nicht herkommen. Ein Traum, aber eher für Hardcore-Nostalgiker.

■ **S.S. Trinità.** Die Wallfahrtskirche *Sanctissimae Trinitas* liegt gut einen Kilometer oberhalb Ghiffa-Ronco auf dem Sacro Monte in einem lichtem Waldgelände. Neben der eigentlichen Kapelle (Mitte 17. Jh.) fällt ein imposanter Säulengang mit 14 reich bemalten Arkaden auf. Die Anlage bietet herrliche Blicke auf den See, sie liegt im 200 Hektar großen Naturpark »Riserva Naturale Speciale del Sacro Monte«; zum Wallfahrtsort gehört ein einfaches *Ausflugsrestaurant* mit

Hortensien unter schlanken Palmen – Villenviertel bei Ghiffa

grottoähnlichem, verschattetem Garten. Dort wird auch auf einem kapitalen Granittisch im Schatten zweier mächtiger Platanen bewirtet, ansonsten bewegt sich der Betrieb im Rhythmus der Ausflugsintervalle, also zwischen ruhig und belebt. Das Ziel lebt sicher nicht vom Kulinarischen, sondern von der besonderen Stimmung, speziell im Garten.

Restaurant S.S. Trinità, Zufahrt mit dem Auto ab Ghiffa-Ronco, oder schöner Fußweg ab Ronco, ♠ Garten. Tel. 0039-0323-59300, RT: Mi.

Wandern: Gut markierten Wege führen vom Sacro Monte durch den Naturpark, Wandermöglichkeiten zwischen einer und mehreren Stunden. Eine brauchbare kleine Wanderkarte 1:10000 kostenlos im Restaurant erhältlich.

Wandkeramik im Park der Villa Taranto, Verbania-Intra

11 ▶ Zweimal Verbania: Intra und Pallanza

Gemischtes Doppel: Eine Halbinsel teilt Verbania in zwei recht unterschiedlich aufgewachsene Schwesterstädte, ihr gemeinsamer Name wurde erst in der faschistischen Phase Italiens erzwungen: Verbania entstand 1939 durch Vereinigung der Gemeinden Intra und Pallanza. In den folgenden Kriegsjahren kam es zu hier zu mehreren nationalsozialistischen Verbrechen, am 20. Juni 1944 ermordeten SS-Angehörige 43 Partisanen im Ortsteil Fondotoce. Der *Parco della Memoria e della Pace* erinnert ebendort an die Greueltaten. Heute kommen die Besucher Verbanias aus anderen Gründen, überwiegend wegen der berühmten Parks um die *Villa Taranto*. Gleich daneben, in Intra, legt zudem die (einzige) Autofähre des Lago Maggiore ab, sie verbindet Verbania mit der Ostküste bei Laveno.

Intra, zwischen zwei Flüssen gelegen [lat. *intra* = zwischen], wirkt lebhaft bis kleinstädtisch und damit auch et-

Süßwarenpromotion in der Via Ruga in Verbania-Pallanza

was alltäglicher und untouristischer als manch' anderer Ort am See.

Südwestlich der Halbinsel mit dem Tarantopark liegt die alte Sommerfrische **Pallanza** mit Villen, Promenaden und mehr geruhsamer Ferienstimmung als im quirligen Intra. Neue Pracht – wie im Grand Hotel Majestic – grenzt in Pallanza hart an den verblaßten Glanz unter den Arkaden der historischen Altstadt. Aber trotz manch einer morschen Stelle im historischen Kern, mit seiner vom Durchgangsverkehr getrennten Südlage und dem unaufgeregten Binnentourismus bietet Pallanza eine angenehme Flanier- und Einkehrstimmung, wie sie andere Seefrontorte sonst nicht mehr haben, oder noch nie hatten.

Somit deckt das gemischte Doppel Intra und Pallanza ein breites Spektrum ab, lohnend für alle, die touristische Infrastruktur und gute Einkaufsmöglichkeiten schätzen, aber nicht von ihnen erdrückt werden möchten.

Das Delikatessenhaus – La Casera di Buratti Eros, Intra

Intra – Bester Einstieg: Am stets belebten Corso oder gleich nahe beim Fähranleger parken, eine Zeitung kaufen, einen Café nehmen. Von der zentralen *Piazza Ranzoni* führt die ladenreiche *Via San Vittore* hinauf zum Dom, wobei die Originalität der Geschäfte mit dem Abstand zum Hafenbereich steigt. In den Lauflagen unten am Wasser das Erwartbare – mit einer Ausnahme: Direkt am rückwärtigen Teil der Piazza Ranzoni (Nr. 19) wartet – etwas versteckt unter den Arkaden – einer der bestsortierten Feinkostläden der Region.

▪ *La Casera di Buratti Eros.* Freßtempel wäre das falsche Bild für ein höhlenartig angelegtes, bis unter die Decke mit Feinkost voll geräumtes Ladenlokal. Es erwartet eine barock anmutende Fülle Piemonteser Lebensmittel, aber nicht nur. Der schmale Laden ist zugleich ein Kompendium an kulinarischer Versuchung und Lebensfreude, und wieder mal eine Klage wider die sterilen, vakumierten und normierte Pseudospezialitäten, die andernorts in der Kühltheke liegen. Hier gibt es eine grandiose Auswahl an Schinken und Sala-

Die Zentrale in der Altstadt – Osteria del Castello, Intra

mi, Bresaola vom Val Formazza, ebenfalls große und gute Käseauswahl, außerdem lokale Weine und Liköre, Grissini, Brot, Oliven, alles. Engagierte Verkäufer, die einem die Taschen füllen.

La Casera, Piazza Ranzoni 19, I-28921 Verbania-Intra. Ladenzeiten: Mo - Fr von 8 bis 12.30 und 15.15 bis 19.45 Uhr. Samstags durchgehend von 7.30 bis 20 Uhr. www.formaggidieros.it

OSTERIA DEL CASTELLO – Intra. Die behagliche Osteria del Castello, belebt mit sechs langen Granittischen und Bänken einen Teil der reizenden Piazza del Castello. Hier ist auch zu ruhigeren Saisonzeiten was los, auch Einheimische kommen auf einen Drink an der Bar und sie bleiben zur Mittagspasta. Auf den geschützten Plätzen im Freien wird es schon im Frühjahr nach kurzer Sonnenscheindauer mächtig warm und eng, man sitzt in Nachbarschaft. Auch innen nicht nur Touristenbetrieb, sondern rund ums Jahr auf zwei Etagen gemütliche Enge. Serviert werden einfache, osteriatypische Gerichte (Caprese, Bresaola, Salat des Hauses, Salami, eine

Weinstube an der Piazza San Rocco – La Latteria in Intra

gute Käseplatte, natürlich verschiedene Pastagerichte etc). Nicht selbstverständlich beim Weinservice: man bezahlt pro Flasche nur, was ausgetrunken wurde (gilt natürlich nicht für die teuren Spitzenweine). Ausgezeichneter Espresso: hinter der Bar steht eine originale *Faema E-61!* Dazu paßt einer der 40 Grappe.

Osteria del Castello, Piazza Castello 9, I-28921 Verbania-Intra. Tel. 0039-0323-51 65 79, RT: So. ♠ Kommunikative Terrasse. Faire Preise.

Mit einem ähnlich volksnahen, aber etwas jüngeren Konzept, **La Latteria**, in einem Altbau am nördlichen Rand des historischen Zentrums: freilich hat die schlichte Freiterrasse zur Piazza San Rocco nicht den Reiz des Klassikers Osteria del Castello. Drinnen zwei unterschiedlich rustikal dekorierte Räume und ein beliebter Tresen, an dem es viele Weine auch offen gibt. Das fixe, monatlich wechselnde Speisenangebot kommt ordentlich, aber ohne weiteren Reiz. Also eher was für zwischendurch, oder für ein Fläschle am Abend, nicht unbedingt für den großen kulinarischen Auftritt. Piazza San Rocco 20, Tel. 0039-0323-53 447, RT: Mi und So-Mittag.

Der Markt an der Westküste – am Samstag in Intra

Der Samstagsmarkt in Intra: Ein großer Markt in und um die Via Roma (parallel zum südlichen Flußbett), oder besser: *der* Markt an der Westküste mit einem kulinarisch überaus reichen Angebot, aber ohne die touristisch-folkloristischen Zugaben und Operetten wie etwa in Cannobio (So) oder Luino (Mi). Auch nicht gar so viel Nippes und Tand. Für ernsthafte Einkäufer (neben Arona und Sesto Calende) die beste Marktadresse an der Westküste, von Samstagmorgen bis Nachmittag gegen 16 Uhr.

■ **Fährverbindungen**: Von *Intra* und *Stresa* am Westufer pendeln Fähren nach *Laveno* auf der Ostseite. Die Verbindung erspart – besonders während der Saison – die stundenlange Kurbelei auf der stark befahrenen Uferstraße, zudem bietet die Kurzpassage (ca. 15 min) nette Möglichkeit zum Durchatmen. Fährverbindung alle 20 min. Ab *Stresa* nur Fußgänger, ab *Intra* Fußgänger und Autos, Fahrräder.

Villa Taranto *(Giardini Botanici di Villa Taranto)*

Ein englischer Garten mit italienischer Gartenbaukunst. Neben den nicht weniger intensiv besuchten Gärten der Isola Madre und Isola Bella sind die Gärten der Villa Taranto die repräsentativste Parkanlage an der Westküste – reizvoll auf einer Halbinsel zwischen Intra und Pallanza gelegen. Eine der Hauptattraktionen der Region mit einer reichen Sammlung heimischer und exotischer Blütenpflanzen und Ziergehölze. Eigener Bootsanleger für die Linienschiffe der *Navigazione Lago Maggiore.*

Villa und Park entstanden Ende des 19. Jahrhunderts auf Initiative des schottischen Kapitäns *Mac Eacharn,* der die Anlage 1938 dem italienischen Staat übertrug. Was die Wünsche nach ruhigem Flanieren in der Idylle angeht, läßt schon die Dimension der Busparkplätze keine Illusionen aufkommen. Suchende finden in der 20 Hektar großen Anlage mit insgesamt 7 Kilometer Alleen und Wegen dennoch ihr Eckchen.

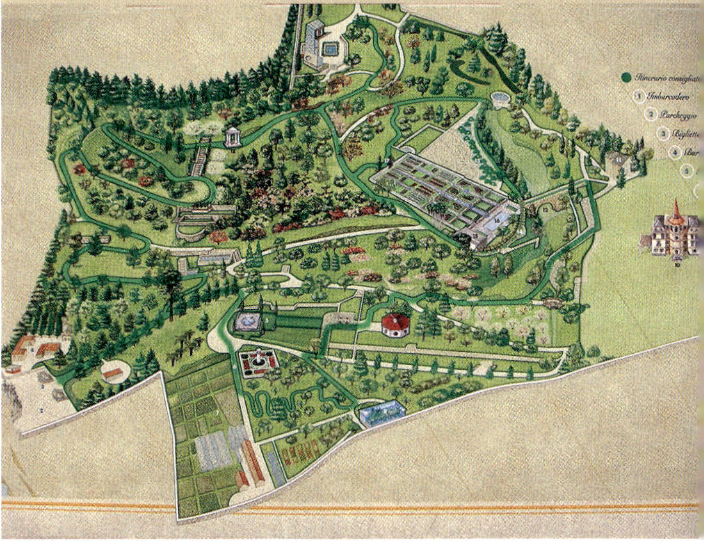

Es blühen: die über 80.000 Zwiebel- und Knollenpflanzen ab April; die einjährigen Beete und Wasserpflanzen im Früh- und Hochsommer; die Dahliensammlung mit über 300 Sorten im Spätsommer.

→ Geöffnet vom 1. April bis 31. Oktober, ab 8.30 Uhr bis abends, Kasse bis 18.30 Uhr geöffnet. Mehr Details: www. villataranto.it

Werden und Vergehen in Pallanza

Intra und Pallanza – Pallanza liegt abseits des Durchgangsverkehrs und das tut dem Ort gut. Anders als Verbania-Intra eignet sich Pallanza durchaus als Stützpunkt an der Westküste. Seepromenade, Gassencharme, Gastronomie, alles da, aber eben ohne allzu großen Umtrieb. Pallanza wirkt eine Spur ruhiger getaktet als Intra nebenan, trotzdem bietet der Platz genug Eigenleben und Inspiration.

Das Drama des blühenden und welkenden Lago Maggiore-Tourismus erschließt sich auf der kurzen Fahrt um die Landspitze der Parkhalbinsel zwischen *Intra* und *Pallanza*. Vom Eingang der Villa-Taranto-Gärten (s. S. 196) führt die Via Veneto nach Süden über die *Punta della Castagnola* bis *Pallanza* (Einbahnstraße, gut auch per Rad oder zu Fuß möglich, zurück dann evtl. mit dem Linienschiff).

Auf der gerade mal zwei Kilometer langen Strecke sind alle Stadien von Verfall und Wiederaufbau zu sehen: abgetakelte Villen mit windschiefen Fensterläden, renovierte Residenzen

„Debussy and Toscanini were here" – Hotel Majestic, Pallanza

mit kamerabewachter Einfahrt. Auf halber Strecke hinter hohen Mauern eine Einsternpension im Park; eine ältere Dame bot dort lange Jahre ein paar Zimmer an. Die nachfolgende Generation wird schon wissen, wie solche Objekte ausgebeint werden.

Nur ein paar hundert Meter weiter in Richtung Pallanza das renovierte, repräsentativ aufgemöbelte *Grand Hotel Majestic.* Das Haus erlebte schon einmal große Zeiten: „Debussy and Toscanini were here". Die jüngste Reanimation des 1870 erbauten Belle Epoque Hotels brachte zwar zeitgemäßen Luxus mit Suiten, Spa et al., aber wenig Emotion. Das Haus wirkt mehr verwaltet, als geführt. Meist steht ein internationaler Wagenpark vor dem Eingang, drinnen wirkt alles gediegen, inklusive der bereits an anderer Stelle erwähnten teppichgedämpften Telephonkabinen, die vermutlich niemand mehr nutzt.

Die Terrassen zum See sind großartig, die Bar könnte Stil haben, dennoch wirkt das Ensemble seltsam leblos. Immerhin, der Genuß eines Apéritifes an einer der schönsten

Wenig mehr als Routine – Osteria Angolo in Pallanza

Stellen des Lago Maggiore wäre eine Option. Alles weitere ist eine Frage von Neigung und Kapital.

Grand Hotel Majestic, I-28922 Verbania-Pallanza, Via Veneto 32, Tel. 0039-0323-504305, www.grandhotelmajestic.it. Preise: hoch.

Einkehren in Pallanza – Pallanza hat zweifellos touristisches Potential, aber die kulinarische Situation ist nicht ganz einfach. Das beliebte Flanier-Dreieck um Fähranleger, Seefront und Piazza del Municipio wird vom üblichen Drittelmix dominiert: preiswerte Pizzerien, Touristenfallen, dazwischen sehr vereinzelt seriöse Häuser, allen voran der Seefront-Klassiker *Milano* mit seinem Jugendstil-Charme, seit Jahr und Tag die sichere, gediegene Adresse in der oberen Preisklasse (vgl. unten). Was fehlt – oder uns verborgen bleibt – wäre eine zuverlässige Adresse in der Trattoria-Klasse, ein Haus in dem die Substanz vor der Show steht.

In vergangenen Jahren war das Kellerlokal *Il Torchio* oben an der Piazza del Municipio so eine brauchbare Einkehr, aber beim letzten Besuch wirkte vieles nur noch gewollt,

Jugenstil trifft Gourmet – Ristorante Milano, Pallanza

von der Raum- bis zur Tellerdeko war zuviel gekünstelt und zuwenig gekonnt. „Salvia in Tempura“ und „Chips di Patate viola“ in Ehren, aber fritierte Salbeiblätter und lila Kartoffelchips machen noch keine gute Küche.

- Auch die zentral gelegene und potentiell charmante *Osteria dell' Angolo* ist keine Garantie. Zwar prangt reichlich Blech an der Tür («Feinschmecker» & Co.). Aber die verlockend mit Pflanzen begrünte Freisitzfläche auf der Piazza kontrastierte beim letzten Besuch mit einem wenig liebevoll, eher routiniert agierenden Service. Dazu paßte eine uninspirierte Standardkarte, die allenfalls ordentlich runtergekocht wurde. Die Portionen klein, die Preise stattlich, das Brot eine Provokation, versöhnlich allenfalls die Weinkarte. Piazza Garibaldi 35, I-28922 -V.-Pallanza. RT: Mo. Preise: gehoben-hoch.

Ristorante MILANO – Pallanza. Oft und allüberall empfohlenes Nobelrestaurant mit einem sehenswerten historischen Speisesaal direkt über dem Wasser. Sicher wird das altgediente Haus nicht nur wegen seiner statisch bis klassisch angelegten Küche, sondern auch wegen des prächtigen Jugendstilinterieurs besucht. Ein gepflegtes Ambiente im traditionellen Stil, die Karte bietet erwartbare Positionen zu

Holzbänke im Gewölbe – Hostaria il Cortile, Pallanza

hohen Preisen (Antipasti di lago 22 Euro, Kaninchenterrine mit schwarzen Trüffeln dito). Bei erhöhtem Repräsentationsbedarf ein Muß, sonst eine Sehenswürdigkeit.

Ristorante Milano, Corso Zanitello 2, I-28922 Verbania Pallanza, Tel. 0039-0323-55 68 16, RT: Mo-Abend und Di. Preise: hoch.

Hostaria IL CORTILE – Pallanza. Unter den einfachen Lösungen eine der Brauchbarsten. Drinnen ein älteres Gewölbe mit rohem Holzmobiliar, ein Teil Speiseraum mit Kamin, ein Teil Bar, dazu Tische im Innenhof und unter Arkaden. Geboten werden einfache, aber aufrichtige Standards, die zum schlichten, nicht stillosen Holzbankambiente passen. Auf der Schiefertafel stehen ein paar Extras von Gnocchetti in Salsa e Zucchine bis zur Bistecca di Angus. Der frische, offene weiße Hauswein wird mit Kohlensäure (vivace), oder ohne gereicht, auch der Rote ist von erstaunlicher Qualität. In der Summe keine Operette, aber guter Standard.

Il Cortile, via Albertazzi 14 (zentraler Innenhof im historischen Zentrum), I-28922 V.-Pallanza. Tel. 0039-0323-50 28 16. RT: Mi, Preise: günstig.

Der Treff am Wasser – Bar Imbarcadero, Pallanza

Bar IMBARCADERO (beim Anleger der Linienflotte) – eine Bar ist eine Bar, oder auch nicht. Die Bar Imbarcadero bietet gewisse Extras, die den Platz zur Pflichtstation werden lassen. Zu Bier, Vino oder Prosecco bekommt man schon mal dreierlei Sorten Salziges; auf der schattigen Terrasse lesen und verhandeln Einheimische gestenreich ihren »Tuttosport«, im Sommer duftet ein Oleanderbaum vorne am Geländer, der Blick auf Stresa und die Borromäischen Inseln ist grandios und ab und zu legen Schiffe und Menschen an und ab. Lago Maggiore komplett.

Baden am Lido di Pallanza: drei kleinere öffentliche Strandbäder mit Minimalkomfort an der Uferstraße (Via Troubetzkoy) im Ortsteil *Suna* (Richtung Mergozzo). Eines davon, *spiaggia Beata Giovannina,* mit Kiosk, Liegen- und Sonnenschirmverleih.

→ Am Lido, Via Troubetzkoy, auch die Osteria *Dam a traa* (Dialekt: „Hör mir zu!"). Beliebter Treff der einheimischen Jugend, günstige Pastagerichte. Via Troubetzkoy 106, Tel. 0323-557152. Mo RT.

Ein Brummer – Agriturismo Monterosso, oberhalb Pallanza

Agriturismo IL MONTEROSSO – Pallanza. Sechs Kilometer sind es von der Via Azari in Pallanza bis auf den 693 m hohen, bewaldeten Monterosso-Bergkegel – oder auch 40 extreme (!) Haarnadelkurven, die Kurbelei lohnt sich aber. Die Azienda Agrituristica Monterosso ist mehr als eine Biolandwirtschaft mit Bewirtung und Gästezimmern (darunter eines im Aussichtsturm, der ans Haupthaus angebaut wurde). Die Adresse ist auch ein Beispiel für die Leistungsfähigkeit eines selbstvermarktenden Agrarbetriebes (wobei Einheimische gerne hinzufügen, daß die Menge der vermarkteten Produkte kaum zur Gänze aus eigener Produktion stammen kann). Sei's drum, tatsächlich ist Monterosso kein verträumter Agriturismo, sondern eine rustikal-leistungsfähige Ausflugsgaststätte. Das ganze Jahr über wird ein fixes „Menù tipico" angeboten, und das kommt in der Substanz besser daher als in manchem aufgemotzten Restaurant, es kostet aber höchstens die Hälfte, nämlich um 25 Euro. Dafür gibt es zum Beispiel: vorweg erst mal eine

Typisch Agriturismo – reichlich, preiswert und gut

vorzügliche Salumi nostrano, eingelegtes Gemüse in süßem Essig sowie Salat, zwei Pastagänge: Risotto mit Steinpilzen und hausgemachte Ravioli, danach Spanferkel, sowie Kaninchen aus dem Ofen und Rosmarinkartoffeln.

Hinzu kommen auf dem Monterosso Sonderveranstaltungen, wie die „serate gastronomiche" (jeweils Freitagabend, dann unbedingt reservieren) mit einem erweiterten Menü, das jahreszeitlich bestimmt ist (im Juni z.B. vom Thema „Spargel", September „Pilze", November „Wildschwein". Serviert wird, sowohl im Normalbetrieb, als auch an den Sonderabenden, jeweils ein üppig! bemessenes Menu, in dessen Lauf man sich – nach guter piemonteser Manier – einfach fügen sollte. Service und Stimmung sind rustikal, aber kulinarisch ordentlich. Bei gutem Wetter auch Terrassenbetrieb. Also nicht gleich bei Kurve 29 aufgeben.

Agriturismo Il Monterosso, I-28921 Pallanza, Località Cima Monte Rosso, www.ilmonterosso.it, Tel. 0039-0323-55.65.10, Fax: 51.97.06. ➥ preiswerte Appartements in einem Nebengebäude, Ferienhaus, ein Gästezimmer mit Bad im Turmgebäude am Haupthaus, von dort grandiose Sicht auf See und Berge, empfohlen zum Abliegen nach einem

Dolce Camelia von Baudo – Via Ruga, Pallanza

Gelage. Verkauf der Hofprodukte. RT: Mo und Di. Geschlossen Mitte Januar bis Mitte Februar; sonst das ganze Jahr geöffnet, mittags und abends. Für Fr-abend möglichst reservieren. Preise: günstig. Zufahrt ab Pallanza von der Viale Azari, Nähe Chiesa Madonna di Campagna.

– Ein weiterer Agriturismo 15 km oberhalb von Verbania auf 290 m Höhe: **Al Motto,** I-28814 Cambiasca, Frazione Comero, am Eingang zum Val Grande. Restaurant, 3 Zimmer und 4 kleine Wohnungen. Ganzjährig. Tel. 0039-0323 55.91.22.

▪ **Einkaufen in Pallanza**: Ein Gassenviertel beginnt direkt hinter Hafenpromenade und Schiffsanleger, Haupteinkaufsstraße im *Centro storico* ist die verkehrsfreie Via Ruga, die von der zentralen Piazza Garibaldi nach oben führt. Interessante Sortimente und Läden in den letzten Zügen liegen hier dicht an dicht – genug Material zur teilnehmenden Beobachtung.

- **Pasticceria in der via Ruga**: Hier, im oberen Teil, auch die oft gelobte Pasticceria Baudo (via Ruga 47). Süße Spezialität der Gegend sind die *Amaretti di Pallanza* und *Dolce camelia* mit glacierten Früchten. Schön verpackt auch als Mitbringsel geeignet.

SPECIALITA'
AMARETTI
PALLANZA

Kleiner und sauberer als der große Bruder – Mergozzo See

12 ▸ Lago di Mergozzo

Der kleine Ableger des Lago Maggiore ist nur zweieinhalb Kilometer lang und gut tausend Meter breit. Die dramatische Berg- und Tallandschaft des nördlichen Lago Maggiore verwandelt sich westlich Verbania zu einer beschaulichen Kulisse: hinter Mergozzo schwingt sich das Valle Ossola nur allmählich zur alpinen Gebirgsregion auf. Dennoch bietet der Mergozzo-See und sein gleichnamiger Hauptort Dinge, die man nebenan am großen Lago lange suchen kann. Mit dem *Piccolo lago* ein herausragendes Spitzenrestaurant direkt am Ufer, aber auch gute, bürgerliche Einkaufs- und Einkehrmöglichkeiten in Mergozzo und überhaupt eine recht angenehme, aber – während der Saison – nicht eingeschlafene Stimmung. Auf einer An- oder Abreise via Simplonpaß wäre Mergozzo ohnehin die Haltestelle für einen ersten südalpinen Cafè mit Seeblick.

Alles eine Nummer kleiner – Mergozzo

Lago di Mergozzo und Lago Maggiore waren ursprünglich miteinander verbunden, die beiden Seebecken wurden im 9. Jahrhundert durch den Dammbau in Sesto Calende im Süden des Lago Maggiore getrennt. Der kleine Mergozzo-See liegt im Revier des Naturschutzgebietes *Fondotoce*, er gilt als einer der saubersten Badeseen Italiens, deutlich wärmer und ruhiger als der große Lago. Laute Motorboote sind hier verboten, an der nördlichen Seeseite führt eine Straße entlang, das östliche Ufer ist unerschlossen und vollständig mit Schilf bewachsen.

Das Mergozzo-Hinterland war zu Lago-Maggiore-Zeiten, als im August noch das letzte Bett vermietet wurde, ein beliebter Gäste-Puffer. Heute ist der See aber sicher mehr als ein Ausweichquartier, zum einen hat Mergozzo selbst einen durchaus ansehnlichen kleinen Hafen mit Promenade, Mittelklassehotel und Badeplatz mit großem Campingplatz – pittoresker als mancher Ort am großen Lago. Nicht weit davon warten ein paar Adressen, die für sich schon einen Umweg wert wären:

Gute Küche drinnen und draußen – Osteria Pagul, Mergozzo

Osteria PAGUL – Mergozzo. Eines dieser kleinen, nicht überdrehten Restaurants, das wir alle suchen, aber selten finden. Deshalb, zum Vormerken: hier wird sorgfältig gekocht und engagiert gewirtet! Es gibt eine leichte, tatsächlich mediterrane Küche, etwa: Salat von Sepia, Zucchini und Borlotti-Bohnen, Gemüse mit bagna cauda, sehr gute hausgemachte Pasta (etwa: Lasagne, Ravioli, Gnocchi!), Grigliata mista al mare, hausgemachte Dolce, dazu das ausgezeichnete Gebäck aus der Pasticceria La Fugascina eine Gasse weiter (siehe nächste Seite). Alles wirkt durchweg solide, wohl auch, weil es hier keine kulinarische Aufgeregtheit gibt. Für eine vergleichbare Leistung müßte man am Lago Maggiore weit fahren. Bürgerliche Piemonteser Stuben parterre sowie im 1. Stock, zwei Tischlein-deck-dich auf der stillen Seitengass‘. Einfach mal reinschmecken !

La Pagul (Giovanna e Giovanni Gambogi), I-28802 Mergozzo (VB), Vicolo XI, Tel. 0039-0323-80 09 49. Am Wochenende und während der Saison abends unbedingt reservieren, ♠ kleine Terrasse, RT: Di, Mi-Mittag. Preise: mittel.

Gut gebacken – Pasticcere La Fugascina, Mergozzo

Pasticcere LA FUGASCINA – Mergozzo. Das traditionelle Dolce Tipico di Mergozzo soll einem Don Ernesto Colli, dem ehemaligen Dorfpfarrer von Mergozzo, besonders geschmeckt haben. Doch in der Pasticceria von Patrizie und Giordano warten noch andere Süßig- und Salzigkeiten, zum Beispiel: *La Fugascina,* Plätzchen mit pointiert fruchtiger und nicht pappig, süßer Marmelade (u.a. Bitterorange, Heidelbeere und Aprikose). Wegen des *pane rustico*, dunkle flache Brotlaibe (auf dem Foto oben im Regal), kommen Einheimische und Touristen gleichermaßen, es schmeckt so gut, wie es aussieht. Außerdem schleicht jeden Morgen der Duft von frischer Focaccia durch die Gasse beim alten Ofen. Deshalb auch hier der dringende Rat: Probare!

Al Vecchio Fornaio Past. La Fugascina (Patrizie Baroni & Giordano Pavesi), via Frattini 6 (Gasse gegenüber vom Pagul), I-28802-Mergozzo, Tel. 0039-0323-801 36. Von Sept. bis Juni nur vormittags 6-12 Uhr, So geschl.; Juli, Aug. 6-12, 16-19 Uhr; Mi u. So-nachmittags geschl.

Gourmet am See – Piccolo Lago, Fondotoce am Mergozzo See

Hotel Ristorante PICCOLO LAGO – Fondotoce. Die Gourmetstation direkt über dem Ufer des Mergozzo-Sees ist eine kleine Welt für sich, die parallel zum kulinarischen Aufstieg immer weiter ausgebaut wurde. Auf der Seeseite der Küstenstraße das Zweistern-Restaurant mit weitem Seepanorama, wenig spektakulär auf der anderen Straßenseite liegt der Hotelkomplex, der als notwendige Fortsetzung der Menükarte gedacht ist. Wer im Piccolo Lago einkehrt, findet hier auf kurzem Wege eine Bleibe über die Nacht.

Mit dem freundlichen Empfang, einem Grill unter großem Chaletdach und einer langen Bar wirkt das Restaurant – bei allem Luxus – offen und unverkrampft. Wenig erinnert an kulinarische Verspannungen, die einem nördlich der Alpen in Häusern vergleichbarer Klasse des öfteren begegnen. Schon die fulminante, aber fair gepreiste Weinkarte, die Berkel-Schinkenschneidestation und der Grill mit daumendicken Metallstäben (unter denen schon am Vormittag die Holzkohle glüht) passen ins Bild. Der Stil des Kulinarischen hat sich freilich auch hier während der letzten Jahre mehr

Eine Eiswallfahrt an der Landstraße – Gelateria Aurora bei Mergozzo

in Richtung filigraner Tellerinszenierung verschoben. Man könnte jetzt die üblichen Wünsche von regionaler Saisonküche äußern, aber lassen wir das. Die Küche ist, wie sie ist: hochklassig, die Preise sind es auch. Wer einfach mal reinschmecken möchte, beginnt vielleicht mit einer kleinen Mittagsrast und zwei, drei leichteren Tellern (Vorspeisen um 25 Euro, Hauptgänge ab 35, Dreigangmenü mit rein regionalen Produkten, Käse und Dessert: 80 Euro, das große Menü 140 Euro – und als Nachspeise ein freier Nachmittag am Pool.

Piccolo Lago, Via Filippo Turati, I-28924 Fondotoce, Tel. 0039-0323-586792, www.piccololago.it. Preise: hoch, Ferien Jan., RT: So-abend, Mo, Di.

- Kulinarische (und soziale) Erlebnissen anderer Art ermöglicht die **Gelateria Aurora**, sie liegt wenig talaufwärts von Mergozzo, an der Landstraße nach Candoglia/Cuzzago. Ein Eiscafé-Wallfahrtsort wie im alten Italienfilm, an Wochenenden kommt Jung und Alt. Die Schlange vor der Ausgabestation erreicht am Sonntanachmittag während der automobilen Passegiata beachtliche Dimension. Nach dem Eis fassen haben die Gäste zwischen Lokal und Parkplatz ihr Stelldichein. Schleckend, diskutierend, taxierend. Italien in Reinkultur und das Eis schmeckt auch noch.

Gute Aussicht – Bed & Breakfast Il Picchio

Bed & Breakfast IL PICCHIO – bei Mergozzo. Bett, Frühstück & Landluft: *Il Picchio,* der Specht, liegt im mittelsteilen Hügelland zwei Kilometer außerhalb und oberhalb von Mergozzo, inmitten einer heiteren Parklandschaft, gleich anschließend beginnt Eichen- und Kastanienwald. Am Ende einer Straße das frei gelegene Landhaus mit drei modern und wohnlich eingerichteten Zimmern, Frühstücksraum und Garten mit Panoramablick über den Lago Mergozzo bis zum Lago Maggiore (der liegt nur 5 km entfernt). Die beiden Ferienwohnungen in einem separaten Gebäude. Maurizia, die Tochter des Hauses spricht fast perfekt Deutsch, Englisch und Französisch. Preis und Lage, Leistung und Stimmung, alles wirkt hier voll befriedigend; man fühlt sich gut aufgehoben. Ideal für alle, die eine ruhige und preiswerte Basis suchen.

B&B Il Picchio, Via Tarì 9, I-28802 Mergozzo (VB), Zufahrt vom Zentrum über die Straße nach Bracchio, nach ca. 2 km, Hinweisschilder, www.il-picchio.eu. Tel./Fax: 0039-0323-80200. Geöffnet von März bis November, ♠ Garten, drei Zimmer, zwei Ferienwohnungen, faire Preise.

13 ▸ Cappuccino im Grand Hotel – Stresa

Von Verbania nach Stresa führt die Küstenstraße zunächst ein Stück landeinwärts bis zur Abzweigung bei *Fondotoce*. Wie andere Streckenabschnitte im Tal des Toce erwartet einen auch hier ein verkehrsreiches Gewühl, das schon an die Verhältnisse an der Südspitze des Sees zwischen Arona und Sesto Calende erinnert. Um Baveno bekommt der Streckenverlauf der Staatstraße 33 dann nochmal zweite Luft, rein landschaftsästhetisch gesehen. Der Liebreiz der nördlichen Uferstraße SS 34 wird hier allerdings nicht mehr erreicht, von einer zwingenden Hoteladresse ist auch nicht zu berichten, es sei denn man begeistert sich für die monumentalen Zuckerbäckerfassaden aus der Frühphase des Lago Maggiore Tourismus.

Stresa spielt seine Trümpfe gleich bei der Einfahrt aus, rechterhand erscheinen Hotelfassaden, die wie gestrandete Luxusliner über dem Ufer thronen. Allen voran *Grand*

Hotel des Iles Borromées am Corso Umberto. Was tun? Vielleicht ganz selbstverständlich einfahren, das Wachpersonal freundlich ignorieren und auf dem geräumigen Parkdeck ausrollen. Hernach längs penibel gepflegter Rabatten zur Rezeption schreiten und hier schon mal das alte Ornament bewundern. Zur Bar durchgehen und dort auf einen Drink verweilen, was keinesfalls teurer als auf dem Markusplatz in Venedig wird. Ein kleineres Einzel wäre schon um die 300 Euro zu haben und Hemingways Kammer käme knapp unter dreitausend.

„Ich sah einen Wagen die Straße herunterkommen und winkte dem Kutscher. Es macht sich besser in einem Wagen anzukommen. Wir fuhren die Einfahrt hinauf bis zum Eingang des großen Hotels, und der Portier kam mit einem Schirm heraus und war sehr höflich." So war das bei Hemingway, der nach Stresa floh und Blickkontakt mit den Borromäischen Inseln suchte, um zu vergessen. „Ich hatte eine Zeitung, aber ich las sie nicht, weil ich nichts vom Krieg lesen wollte. Ich wollte den Krieg vergessen. Ich hatte meinen Separatfrieden gemacht. Ich fühlte mich verdammt einsam und war froh, als der Zug nach Stresa kam."

Um Eindruck zu manchen, müßte man sich heute eher mit dem Wagen vom Bahnhof abholen lassen. Allenfalls Zahl und Beschaffenheit der Gepäckstücke im Kofferraum sorgen bei der Hotelvorfahrt noch für Aufmerksamkeit, wobei schon das Ausladen der Golfutensilien manches Paar und manchen Portier an die Grenze bringt. Als Passant kann man solche Beschwernisse aber gelassen aus der Distanz beobachten und sich für kleines Geld einen Café im sehenswert dekadenten Salon gönnen. Zumindest an der Bar haben Grand Hotels auch ein Herz für Normalverdiener.

In Stresa an der Seefront geht es dann keine fünf Minuten, bis man von unterbeschäftigten Bootsleuten zur Kahnpartie auf die Borromäischen Inseln aufgefordert wird. „An

Cappuccinolegende – Gigi Bar, am Corso Italia in Stresa

der imposanten Uferpromenade traf sich die elegante Welt und die Welt des Geistes“, hieß es einmal: Heute trifft sich hier die Welt der Halbtagesausflügler. Im touristisch erwartungsgemäß aufgerüschten Centro storico sitzen, kaufen und trinken die Gäste heute im Rahmen ihrer Möglichkeiten. Ob Nizza, Portofino oder Stresa, es läuft überall ähnlich – zunächst waren die Gästelisten beachtlich, heute sind es die Busparkplätze und Eisbecher.

Ein Stop für Passanten wäre die *Gigi Bar* am Corso Italia. Die legendäre Kaffeetheke gegenüber dem Fährhafen und der Isola Bella. Nach Angebot, Einrichtung und Service zwar nicht mehr taufrisch, aber Legenden sind zäh. Das Besondere: der Cappuccino wird hier mit einer Prise Zimt im Milchschaum serviert, die in Form einer Pfauenfeder ausgezogen wird. Ein Gruß an die Isola Bella und die exotischen Vögel ebendort. Bekannt und gelobt ist die Gigi Bar für ihre *margheritine* (Butterteigplätzchen) – auch zum Mitnehmen.

14 ▶ Um Arona – Italien kommt näher

Zwischen Stresa, Lesa und Arona verläuft die Küstenstraße (SS 33) direkt am Ufer, die Dramatik der nördlichen Abschnitte wird aber nicht mehr erreicht. Aus Gebirge wird Mittelgebirge, aus Steilküste Ufer. Je weiter man nach Süden vorankommt, desto mehr liegt die Küste im Zugriff des norditalienischen Wochenendtourismus. Der sorgt allerdings für eine stattliche Anzahl von guten Einkehrmöglichkeiten im Hinterland, auch die Seepromenaden werden italienischer, besonders in Arona. Die kulinarische Qualität ist im Süden jedenfalls fortgeschrittener als oben im Norden, wo Pasta- und Pizzerieneinerlei dominieren. Unsere Regel: Was im Süden an landschaftlicher Attraktion verlorengeht, wird mit kulinarischer Leistung und sozialer Stimmung aufgewogen.

Lesa – verteilt sich über eine flache Schwemmebene, der stimmungsvolle alte Ortsteil liegt oberhalb der Durchgangsstraße. Um seine höhergelegene Kirche, auch im alten Ortskern am Hang, wirkt Lesa bis heute stiller und privater als die Nachbarorte. Zum See hin verändert sich das Bild: es beginnt eine flächige Ferienhaus- und Villensiedlung ohne bemerkenswerte Höhepunkte. Wohlstand hinter hohen Mauern und automatischen Toreinfahrten.

An den Enden der Halbinsel jeweils eine kleine, aber geschützte **Badestelle** (Zugang über Via Davinci, campo sportivo).

- Im Ort, nahe der Ortsdurchfahrt, die *Pizzeria Ruggero*. Mittags zum preiswerten Einheitsmenü ein Treff für Handwerker, außerdem gute Pizza mit dünnem Teig aus dem Holzofen, man sitzt im Freien auf einer rustikalen Terrasse, auch drinnen wirkt das Angebot schmucklos, aber nicht herzlos. Am besten auf einen Truckstop. Zufahrt an der Hauptkreuzung in Lesa angeschrieben, Via Opifici 66, Tel: 0322-77 863, Pizza wird auch mittags serviert.

Weiter oben in den Bergen eine interessante Panoramagaststätte:

Ristorante AL CAMINO – Lesa-Comnago. In Lesas Ortsmitte, nahe der Kirche, eine Abzweigung zum Bergdorf *Comnago,* nach etwa einem Kilometer ist der Landgasthof *Al Camino* erreicht. Die rustikale Hostaria mit uriger Kaminstube liegt direkt unterhalb des Bergsträßchens, das nach Comnago hochführt. Als besondere Attraktion lockt die Panoramaterrasse mit großartigem Blick auf Lesa und See. Die kompakte, aber durchaus anregende Karte bietet solide gekochte Klassiker der Piemonteser Landküche: fünf Vorspeisen, darunter Carpaccio von geräuchertem Ochsenfilet, die Pastagänge wie Tagliatelle, Ravioli, Lasagne, Gnocchi werden sämtlich hausgemacht, dann fünf Hauptgerichte mit Fisch oder Fleisch (etwa: Scaloppini mit Kapern und Taggiasca Oliven), als Dessert Piemonteser Käse oder Castelmagno mit Honig. Seit Jahren ein zuverlässiger Klassiker bei fairen Preisen.

Al Camino, I-28040 Lesa-Comnago, via per Comnago 30. RT: Mi. Küche von 12.30 bis 20 Uhr, außerhalb der Hochsaison von Mo bis Fr Mittagessen nur nach Voranmeldung: Tel. 0039-0322-74710. ♠ Panoramaterrasse, Preise: günstig-moderat.

Ein kleines Wunder in Meina: Der eigentliche Ortskern von Meina wird von der Küstenstraße nicht tangiert, so konnten die alten Villen und Parks, die sich weit den Hang in Richtung Pisano und Autobahn A 26 hinaufziehen, noch einigen Reiz erhalten. Sichtbar hat es hierher nicht unbedingt die Verlierer verschlagen, Parkgröße und Baumhöhe sprechen für sich. Auch die Nachfrage nach Kulinaria scheint intakt:

Salumeria ROSA – Meina. Ein Laden wie die Salumeria in Meinas Via Viotti 30 ist vielleicht keine Sensation, aber

Kulinarisches Lehrstück – Salumeria Rosa in Meina

zumindest ein Lehrstück in Sachen Genuß und Lebenskunst im Alltag: Ein Sortiment, nicht demonstrativ aufgebrezlt, sondern alltagstauglich: von Alimentari des täglichen Bedarfs bis zur hervorragenden Auswahl an Schinken und Salume, die noch mit der „großen Roten“ aufgeschnitten werden. Dazu frische Pasta, ein paar hausgemachte warme Gerichte zum Mitnehmen, alles in einer Qualität, um die nördlich der Alpen einiges Tamtam gemacht würde (wenn es sie denn gäbe). Kulinarische Kultur eben, in Meina gehört so etwas einfach dazu. Man vergleiche nur mal die diversen Schinkensorten, das informierte Personal und die Leute, die hierher finden mit einer unserer Brühwurst- und Formfleischtheken. Man ist entzückt und zugleich entsetzt, wie weit die kulinarische Verlumpung bei uns gediehen ist.

Salumeria, Tavola Calda, Verdure, Polleria: Antonio e Maria Rosa, I-28046 Meina, Via Viotti 30 (parallel zur Küstenstraße im Ortszentrum). Die korrespondierende Bäckerei in der gleichen Gasse, gleich gegenüber.

Der Duft einer heißen Steinmauer – in Massino Visconti

Eine Fahrt ins Blaue: Von Lesa oder auch von Meina aus führen immer wieder Nebenstraßen in das Piemonteser Bergland. Mancher Ort thront dann wie eine Beletage über dem gleißenden Seespiegel, etwa *Massino Visconti,* das gut 250 Meter hoch über dem Lago Maggiore liegt. Andere Siedlungen im Hügelland westlich des Sees sind eher etwas zum Runterschalten und Durchfahren. Gleich wo, das Treibenlassen zwischen Küstenstraße und Autobahn A 26 sorgt immer wieder für Perspektiven und Szenen, die es direkt am See nicht gibt.

Kleinteiligkeit und Kontrastreichtum der italienischen Provinz wären ja ein Thema für sich, wer aber noch sehen kann, sollte die optischen und atmosphärischen Antipasti, die so ein Stundenausflug bietet, ruhig wahrnehmen. Was auch mal heißt: aussteigen und den Duft einer heißen Trockensteinmauer einsaugen.

Vitales Zentrum an der Westküste – Arona (von Angera gesehen)

Arona

Das lebhafte Zentrum am südlichen Piemonteser Ufer des Sees hat zwei Seiten. Wer von Norden kommt, erreicht erst den alten, immer noch etwas müde wirkenden historischen Teil um die verkehrsberuhigte *Piazza del Popolo.* Hier wurde in den letzten Jahren zwar einiges renoviert, das eigentliche urbane Leben beginnt aber weiter südlich, in der Zone um den Fähranleger. Dort lebt Arona nicht nur vom Pittoresken.

Der kilometerlange, vor Jahren aufgewertete **Lungolago** ist Promenade, Einkehrmeile, Sonnenbank (und Badestelle) in einem. Die neu angelegte, pergolagesäumte Seepromenade verbindet das alte Zentrum mit den belebteren Zonen, die südlich vom Centro storico beginnen und bis zum Hafen reichen. Dort und in der attraktiven (verkehrsfreien) Haupteinkaufstraße, die parallel zum Lungolago durch die Altstadt führt, wirkt Arona (12.000 Einwohner) viel urbaner und nicht so monotouristisch wie andere Städte am See.

Italienische Wochenendtouristen und Einheimische aus dem südlichen Seebecken kommen gerne nach Arona, weil man

Aronas andere Seite – Blick auf Angera und La Rocca

hier gut einkaufen kann, es ist was los und die gute Restaurantausstattung längs der Promenade am Lungolago spricht für sich. Wer also mehr Italienità und weniger Postkarten-Gassen sucht, ist in Arona durchaus richtig. Atmosphärisch fühlt man sich hier an einem Ziel, das mit dem Rhythmus der Ballungsgebiete in der Poebene lebt, und wieder einschläft. Entsprechend schwankend (zwischen Woche und Wochenende) wirkt der Betrieb. Auch vom östlichen Seeufer bei Angera kommt man schnell nach Arona rüber, es verkehren tagsüber praktisch im Stundentakt Personenfähren. Allein die Hotelsituation ist für Ferienbedürfnisse weniger geeignet, hier ist man um Angera viel besser versorgt.

■ **Arona – Angera:** Zwei Ziele an zwei Ufern, aber nur fünf Minuten voneinander entfernt. Mit der Fähre, die verkehrt tagsüber praktisch jede Stunde. Damit liegen Arona und Angera eigentlich nicht gegenüber, sondern fast zusammen.

■ **Einkaufen**: Am Lungolago Aronas (auf halbem Weg zwischen Fähranleger und Piazza del Popolo): *Gastronomia L'Angolo de la Bontà*, überschaubares aber qualitatives Feinkostangebot, darunter Salami aus dem Veneto, guter Käse, frische Pasta und vieles mehr.

Im Reich der Käse – bei Guffanti, Arona

Markt: Wochenmarkt jeden Dienstag (von 8 bis 12.30 Uhr) am Hafen. Großer Markt am Lungolago, jeden 3. Sonntag im Monat.

■ **Luigi GUFFANTI – Arona.** *Formaggi per Tradizione* (SEIT 1876), für Käsefreunde eine Adresse, die auch mal eine weitere Anfahrt lohnt! Kein anderer Affineur der Region bietet eine solche Auswahl. Erwarten Sie aber keinen schmucken Laden, der Betrieb liegt jenseits der Bahnlinie in einem Vorort Aronas und die Öffnungszeiten für den Detailverkauf beschränken sich auf wenige Stunden pro Woche. Schwerpunkt von Guffanti ist der Versand, sein Käse wird weltweit verschickt.

Die fünf Generationen-Geschichte: „Als der Urgroßvater Luigi Guffanti 1876 anfing, mit der Reifung von Gorgonzola zu experimentieren, erwarb er eine verlassene Silbermine in der Provinz Varese. Wegen der rund ums Jahr konstanten Temperatur und Feuchtigkeit reifte der Käse so hervorragend, daß Luigi Guffanti schnell Marktführer wurde: Seine Söhne Carlo und Mario exportierten schon zu Beginn des

Assortimenti misti – bei Guffanti in Arona

20. Jahrhunderts nach Argentinien und Kalifornien, in die Auswanderungsländer von Piemontesern und Lombarden.

Die Gorgonzola-Erfahrung wurde dann auf Toma-Sorten des *Val d'Ossola,* auf den Parmigiano Reggiano, schließlich auch auf französischen und spanischen Käse angewandt." Spezialitäten: *Ziegenkäslein, Parmesan, Caciocavalli* und natürlich jener *Gorgonzola*, mit dem alles begann.

Für Privatleute ist samstagvormittags geöffnet. Wünsche möglichst im voraus – auf italienisch! – sortieren, das Angebot in den Kühlkammern ist überwältigend, der freundliche Verkäufer (Foto) spricht aber kein Deutsch. Man kann sich – auf Vorbestellung – aber sein gemischtes Käsesortiment *(Assortimenti misti)* oder eine Ziegenkäseauswahl *(Assortimenti di Formaggi di Capra)* komponieren lassen.

Luigi Guffanti, Via Milano 140, I-28041 Arona, Tel. 0039-0322-242038/47222, Fax 0322-241356, www.guffantiformaggi.com. Anfahrt: von Süden kommend nach dem Ortsschild Arona der Straße links unter der Eisenbahnbrücke folgen. Guffanti liegt links gegenüber vom großen FIAT-Autohaus (versteckter Eingang über einen Innenhof). Einkauf für Privatkunden samstagvormittags (bei „uffici" läuten).

Analoges Navigationssystem – Wegweiser in Montrigiasco

Einkehren im Hinterland Aronas: Das Piemonteser Hügelland zwischen Arona und der landeinwärts verlaufenden Autobahn A 8 gilt unter Einheimischen als Freßziel von Rang. Im gemütlichen, um 400 m hohen Bergland liegen keine besonderen Sehenswürdigkeiten, aber diverse Osterien, die mehr vom Binnenbedarf als von internationalen Ansprüchen leben, was der Qualität gut tut.

Man erreicht die landschaftlich nicht sonderlich spektakuläre Gegend ab Arona auf der Straße zum Ortsteil *Montrigiasco*. Die Strecke führt zunächst zur unübersehbaren, weil 35 Meter hohen und bis zu den Augenlöchern begehbaren Kolossalstatue des *Carlone* (zur Erinnerung an den Heiligen Karl Borromäus 1538–1584, Kardinal und Erzbischof in Mailand; um das Ausflugsziel die üblichen Stände und Einkehren) – die Weiterfahrt lohnt sich. Wenige Meter nördlich der Statue dann nach links der Abzweig zu den Ortsteilen Campagna und Montrigiasco.

Schon nach einem Kilometer wäre mit der *Trattoria Cam-*

Ansprechend in mancher Hinsicht – Trattoria Campagna, bei Arona

pagna schon das erste kulinarische Ziel erreicht.

Trattoria CAMPAGNA – Arona/Campagna. Von außen ein unauffälliges Landhaus rechts der Landstraße, die Speisen stehen fein, säuberlich aufgeschrieben auf einem Anschlag an der Tür. Drinnen erwartet einen aufgeräumte Trattoriastimmung der gepflegteren Art. Bei den Antipasti zeigt schon das Angebot eines Culatello di Zibello, daß hier keine Allerweltsküche geboten wird, sondern Qualität zu verträglichen Preisen. Gute, tragende Basisküche, besonders gelungen auch die frische und gute Pasta, aromatischer Arrosto, durchaus angenehm auch der aufmerksame Service, wobei dem Patron mit den Jahren auch etwas an Motivation abhanden kam, und die Karte könnte ebenfalls wieder ein paar frischen Impulse vertragen. Es bleiben die informelle Stimmung, solide Küche und ein selten schlicht-angenehm möblierter Gastraum – man beachte nur die eleganten Bugholzstühle. Gepflegte Weinauswahl von offen bis zum Renommierfläschle. Mit einer klei-

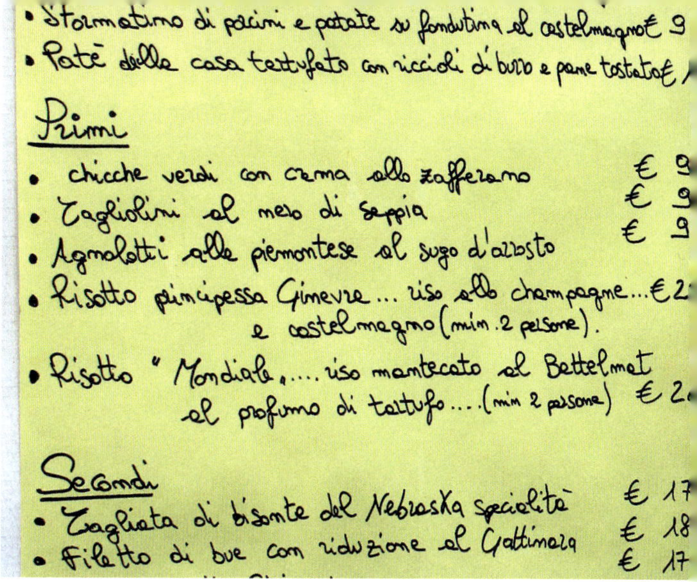

Für jeden etwas – Karte Trattoria Campagna

nen, eingewachsenen Gartenterrasse.

Trattoria Campagna (Zanetta Lucio), in Arona-Campagna, direkt an der Straße nach Montrigiasco. Via Vergante, 12, I-28041 Arona (fraz. Campagna, 1 km von S. Carlo), Tel. 0039-0322-572 94. RT: Mo-Abend, Di. Im Juli und August nur Di. ♠ Terrasse, Preise: mittel-gehoben.

- Weiter oben in **Montrigiasco** an der Kreuzung mitten im Ort gab es vor Jahren die wundervolle „Osteria Buoni Amici", aber nach Renovierung und Pächterwechsel ist hier nichts mehr wie es einmal war.

Wer es bürgerlich und repräsentativ haben möchte, findet am oberen Ortsrand ein Ausflugslokal, das an Wochenenden gerne vom lokalen Bürgertum besucht wird: *Il Castagneto;* ♠ große Terrasse.

15 ▸ Schweizer Ostküste – Parks & Buchten

Wer sich für die ruhigere, im Norden auch mal etwas rauhere Ostküste entscheidet, erreicht das Seeufer bei CH-*Magadino*, nahe der Mündung des Ticino. Das brettebene, stark zersiedelte Tal des Ticino, die Magadinoebene ist mit knapp 2000 Hektar zwar die größte landwirtschaftlich genutzte Fläche der Schweiz, aber die indifferente Mischung aus Folientunneln, Lagerhallen, Einkaufszentren und einer kerzengrad durchziehenden Schnellstraße ist alles, aber keine ansprechende Einstimmung auf den See.

Auch auf den ersten Kilometern Seeufer zwischen Magadino und Vira keine besonderen Vorkommnisse. Wesentliches zur Entwicklung der Küste hat *Siegfried Obermeier* in seinem

Den See zu Füßen – Isole di Brissago und Schweizer Ostküste

(leider vergriffenen) PRESTEL-Band bereits 1972 festgehalten: „Das schmale, saubere Vira scheint sich in den letzten Jahren vom Fischfang auf Touristenfang umgestellt zu haben. Die Techniken wurden weiter verfeinert, ein Anhalten ohne Gebühren ist in den Küstenorten nahezu unmöglich."

Nun gilt eine verschärfte Abgabenordnung mittlerweile für diverse Seepartien, speziell an der *Riviera del Gambarogno*, am dicht besiedelten Schweizer Teil des Ostufers, sieht sich der Reisende aber einem besonders engen Netz touristischer Einrichtungen gegenüber. Land, Luft und unbekümmerte Freiheit bieten allenfalls die höhergelegenen Ortsteile, exemplarisch wäre etwa ein Ausflug hinauf nach **Vairano**:

Charakterpflanze – Magnolia Grandiflora im Park Eisenhut

PARCO BOTANICO del Gambarogno – Vairano

Unter den vielen namhaften Gartenparks und Baumschulen ist die Analge von *Otto Eisenhut* eine der herausragenden Adressen. Kultiviert werden hier fast eintausend Kameliensorten, dazu eines der größten Magnoliensortimente mit 450 verschiedenen Mutterpflanzen, 800 Azaleen und gleichviel Rhododendren. Ein weiterer Schwerpunkt sind die Zitrusfrüchte: mehr als 150 Varietäten umfaßt die Verkaufsliste, darunter Züchtungen, die bis minus 15 Grad Celsius frosthart sind. Dies und noch vielmehr wird auf einem knapp zwanzig Hektar großen Parkgelände über dem Schweizer Ostufer des Lago Maggiore präsentiert, romantisch bis dramatisch am Steilhang gelegen, Blick auf das andere Ufer mit Locarno und Ascona.

Das Gärtnerei-Grundstück liegt zwischen zwei Bächen, die für ausreichend Wasser sorgen, auch die Lage auf der Schattenseite des Berges ist ideal für Kamelien, Rhododendren und Azaleen. Im Winter kommt kaum Sonne hierher,

Eine von 150 Zitrusvarietäten in der Baumschule Eisenhut

der schützende Schnee bleibt lange liegen, zudem wird es bei Frostperioden selten kälter als minus 5 Grad, unter minus 9 Grad gibt es nie. Im Sommerhalbjahr bekommt das Hanggelände vom frühen Morgen bis abends Sonne.

Baumschule, botanischer Garten, Lebenstraum: Vor 50 Jahren begann Otto Eisenhut mit der Anlage einer kleinen und eher am Praktischen orientierten Stauden- und Schnittblumengärtnerei, die erst mit den Jahren zum überregional bekannten Spezialitätenstandort wuchs. Verantwortlich war der Austausch mit einer Schar internationaler Gartenliebhaber, die sich unten am See niedergelassen hatten. So wurde Eisenhut von einem Sir Peter Smithers gebeten, sich um die kränkelnde Magnolie »Princess Margaret« zu kümmern. Die Rettung der Schönheit gelang durch die Veredlung auf eine robuste Unterlage, womit eine Grundlage für das heute weltweit einzigartige Magnoliensortiment gelegt war. Eisenhuts Sohn *Reto* erweiterte das mannigfaltige Angebot um die weit verzweigte Großfamilie der Zitrusfrüchte. Limone, Thai-

Gärtnerei mit Panorama – Blick auf die Westküste bei Ascona

Limette, Mandarine, Satsuma, Clementine, ovale Kumquat, bittere Sevilla-Orange – die Auswahl ist enorm.

Ausgehend von der Gärtnerei wurden 1980 die ersten Wege am Steilhang angelegt, neun Jahre später wurde der Park für das Publikum geöffnet. Schon seit 2000 betreut eine Stiftung die Anlagen des Parks, in dessen Mitte die Gewächshäuser und Beete der Baumschule Eisenhut liegen. Die schmalen, schattigen Hangwege erschließen nicht nur botanische Besonderheiten, sie bieten auch einen erhabenen Blick auf den 150 Meter tiefer gelegenen See und die Gegenküste zwischen Locarno und Brissago. Mehr als ein botanischer Garten, eine Welt für sich.

Allein schon der betörende Duft in Eisenhuts Orangerien könnte ein Reisemotiv sein. Wo die Zitronen blüh'n, sind Nordländer bekanntlich selten fern. Die alljährliche Kamelienausstellung der Gärtnerei Eisenhut beginnt am 25. März, wobei das Blühen und Duften zum Glück nicht auf Ausstellungstermine und Feste beschränkt bleibt. Ein, zwei

Einkehr gleich beim botanischen Garten – Ristorante Gambarogno

Stunden sollte man sich für den Eisenhut-Park schon gönnen, und je nach Gartengröße und Pflanzabsicht möglichst mit leerem Kofferraum anreisen.

→ *Parco Botanico del Gambarogno* und Baumschule von **Otto und Reto Eisenhut** (an der Straße zwischen Piazzogna und Vairano), geöffnet ganzjährig, 9-18 Uhr. Schönste Blütezeit März bis Juni, Besichtigung ca. 2 h und mehr. Baumschule Tel. 0041-(0)91-795 18 67. Das überaus umfangreiche Pflanzensortiment steht auch im Internet unter: www.eisenhut.ch; Stiftung: www.parcobotanico.ch.

- Die obligatorische Piatta Ticinese kann gleich nebenan im *Ristorante Gambarogno* eingenommen werden. ♠ Kulinarisch warten keine Höhen, aber eine traumhafte Panoramaterrasse. ⇆ im ersten Stock ein paar einfache Zimmer mit ebenfalls großer Aussicht. Ristorante-Pensione *Gambarogno* (Jvana und Matteo Cosic), CH-6579 Piazzogna. Tel. 0041-(0)91-795 15 62. **Preise**: günstig. Von März bis Dezember.

Baden unter Palmen – bei CH-Gerra

Baden in CH-Gerra: Eigentlich nichts Besonderes, nur einer dieser gepflegten, öffentlich zugänglichen Badeplätze, die es an Schweizer Seen öfter mal gibt: Sprungbrett, Liegewiese, ein Kiosk, kein Eintritt. Selbst im Hochsommer hält sich noch etwas von der feuchtkühlen Luft im schluchttiefen Valle di Gerra, vorne an der Uferbefestigung warten dann warme Steinquader zum Sonnen nach dem Bad im klaren Seewasser. Darüber gepflegter Rasen, schlanke Palmen und Blick auf das gegenüberliegende Ufer mit Ascona. Nichts Besonderes?

Keine weitere Attraktion dann zu beiden Seiten der Landesgrenze bei der Straßensiedlung *Dirinella.* Italien grüßt mit Kiosk, Weinboutique und einer rüden Straßenbar, kein Platz zum Bleiben. Allenfalls ein paar Meter weiter, im ebenfalls wenig aufregenden Straßendorf **Zenna,** wäre ein Halt möglich.

Aus der klammen *Valle Molinera* schießt ein Bach, der vorn am Ufer etwas Schwemmland aufgeschüttet hat. Der nur selten überfüllte **Strand** links und rechts der Mündung

Ein spezieller Platz – Villa delle Palme, I-Zenna

ist durchaus beachtlich, wegen seiner Nordexposition allerdings nur im Hochsommer warm und freundlich (wie viele Plätze an der oberen Ostküste). Im Sommer, wenn es an der Westküste eng wird, wäre hier genug Platz für einen langen Badetag. Wer bleiben möchte, findet direkt am Strand mit der *Villa delle Palme* unter Umständen eine Option:

VILLA DELLE PALME – Zenna. Der Parkplatz vor der Villa delle Palme verrät wenig vom Potential der anderen Hausseite: nach vorne raus (und nur da) biete das Garni Seekontakt erster Güte, auch die kleine Liegewiese über der Ufermauer könnte ein besonderer Platz sein, wenn denn jemand das Potential der Liegenschaft wachküsst. Nachdem die Villa bis vor wenigen Jahren von der betagten Kölner Besitzerin Klara Esposito noch persönlich geführt wurde, wirkte der Betrieb in der letzten Saison auf Sparflamme – vielleicht sorgen die Söhne für eine Renaissance. Viele der ehemaligen (deutschen) Stammgäste würden das begrüßen. *Villa delle Palme* (garni), Corso Europa, 23, 21010 Zenna-Pino (VA). Tel./Fax 0039-0332-56.62.38.

■ *Osteria-Pizzeria Molinera:* Wenige Meter südlich der Villa delle Palme, unterhalb der Straße gelegen wirkt die Adresse zunächst etwas abweisend, aber drinnen ist die Straßennähe kein Problem und die Holzofenpizza ist gelungen, dazu eine Standardkarte mit Pasta in vernünftiger Qualität, in Zenna ohne Alternative.

16 ▸ Berg und Strand bei Maccagno

Maccagno liegt auf einem Flußdelta zu beiden Seiten der *Giona*, schon das mächtige Geröll im breit ausgewaschenen Flußbett zeigt, wie es hier bei Starkregen poltert. Wenige Meter nördlich der Brücke über die Giona beginnt, zunächst eher unscheinbar, eine der reizvolleren Bergfahrten am Lago Maggiore: eine serpentinenreiche Straße führt über die höhergelegenen Villenviertel Maccagnos, rasant Höhe und Blick gewinnend, zunächst steil hoch nach *Campagnano* und dann weiter bergan bis zum Stausee *Lago Delio.*

Eine reizvolle Alternative bietet jene Bergroute, die erst seit

Aufladestation bei Campagnano

Mitte der 70er Jahre die gesamte Sonnenseite des Valle Veddasca erschließt, sie geht über die Dörfer: Càdero, Graglio (850 m), Armio, Lozzo (900 m) und Biegno, schließlich wird die CH-Grenze bei *Indemini* erreicht. Im Wechsel Wald- und freie Alppassagen, immer wieder großartige Blicke in die abgrundtiefe Giona-Schlucht.

Die seenähere Route hoch nach Campagnano und zum Lago Delio kann dagegen nur im ersten Abschnitt mithalten. **Campagnano** liegt auf gut 600 Metern, eng und einzigartig exponiert an den Sonnenhang gebaut: Eine Horstlage 400 Meter über dem Seespiegel, der Blick reicht weit nach Süden bis ins untere Seebecken. In terrassierten, liebevoll beharkten Parzellen reift alles für die Minestrone und noch mehr,

Berggasthofstimmung – Albergo Diana, am Lago Delio.

wirklich ein Gunstflecken. Weiter bis zum Weiler Musignano auf 700 Metern noch eine reizvolle Panoramafahrt, später wird die Strecke aber zur durchschnittlichen Bergfahrt durch junge Kastanienwälder. Der *Lago Delio* hat durch den Ausbau zum Stausee den natürlichen Reiz bewachsener Uferpartien eingebüßt, die Wanderer-Sitzgruppen über dem Ufer sind wie überall im Bonanza-Stil gehalten, ein paarhundert Meter vom nördlichen Seeufer entfernt, nun auch mit schönem Blick auf Locarno und das nördliche Seebecken doch noch ein besonderer Fleck, reizvoll auch als Wander- oder MTB-Ziel:

Albergo DIANA – Lago Delio. Eine sympathische Bergstation: der Familienbetrieb liegt in Alleinlage auf 950 Metern Höhe, hoch über dem Lago Maggiore. Typische Berggasthofstimmung, die einfachen Zimmer bieten teilweise Blick auf den Lago. Große Freiterrasse; kleiner, dunkler Gastraum. Nette Wirtsleute, solides Essen, bemerkenswerte Weinkarte. Außerhalb der Wander- und Ausflugssaison ein ruhiger Außenposten. *Alb. Rist. Diana* (Fam. Dellea), I-Tronzano-L. Delio, Tel. 0039-0332-56.61.02, RT: Di. Preise: günstig, www.albergo-diana.it, im Winter geschl., Zufahrt über Maccagno-Lago Delio (ca. 12 km schmale, gut befestigte Bergstraße).

Genug Platz am Ufer – Giona Park, Maccagno

Genug Platz am See: Nach vorne raus wird Maccagno immer weiter. Im weiten Parkgelände am Seeufer ist von der Enge der Giona-Schlucht und vom schroffen Hinterland der Berge nichts mehr zu spüren. Das weite Schwemmland zu beiden Ufern der Giona läßt genug Platz für Ferienhäuser, Freizeiteinrichtungen aller Art, darunter ein großer Campingplatz, davor der selten breite Kiesuferstreifen. So ist Maccagno das erste (oder letzte) richtig weitläufige Seebad an der Ostküste. Die Stimmung am Wasser ist campingplatzbedingt international, Tretboot gesättigt und recht kurz behost – Grandezza sollte man hier nicht erwarten. Wer aber auf kurzem Weg aus dem Schlafsack zu Wasser gehen möchte ist schon richtig. Eine Uferpromenade und paar recht nette Rasenplätze im Schatten der Uferweiden gibt es auch, und mit dem *Ristorante Baretto* im Seepark schließlich einen beliebten Wochenend-, Familien- und Sommertreff, der im Rhythmus der Saison schwingt, zwischen schläfrig und aufgedreht.

- **Trattoria Baretto**, Via al Giona 1, im Giona Park, von Februar bis Ende Oktober, tägl. von vormittags bis nachts.

Ausguck am Hafen in Luino

17 ▸ Luino – Promenade & Agriturismo

Mit gut 12.000 Einwohnern ist Luino neben Laveno ein zweites Zentrum an der Ostküste. Sommertourismus, aber auch Kleingewerbe, Produktion und Handel sorgen dafür, daß es im Taleinschnitt von Tresa und Margorabbia nicht nur touristisch zugeht. Eine besonders lange Uferpromenade glänzt im Norden mit besonders stattlichem Platanenbestand, der südliche Abschnitt des Lungolago bei Germignana wurde erst jüngst neu gestaltet. Dazu kommt eine historische Altstadt und ein paar Repräsentationsbauten aus den goldenen Jahren des Lago Maggiore Tourismus, etwa das Jugendstil-Relikt *Camin Hotel Luino* direkt hinter der Promenade. Schon eine Ortsdurchfahrt zeigt, daß Luino seit jeher eine zentrale Funktion an der Ostküste besitzt. Dafür spricht schon der üppige Bestand an Läden, Cafés und dergleichen, für den kleinen Stadtausflug bietet Luino also allemal genug Substanz.

Insofern braucht es für einen Besuch Luinos sicher nicht

Wo bleibt mein Burnout?

den weitbekannten und entsprechend überlaufenen Mittwochsmarkt (von 8 bis 16 Uhr), der längst vom Markt zum kunterbunten Touristenspektakel verkommen ist. Gemeinde und Aussteller werden das verschmerzen können. Wer ernsthaft einkaufen will, meidet eher den Mittwoch in Luino, wenn Kolonnenverkehr, Parkwächter und Ausflugsbusse das Bild bestimmen.

■ **Einkaufen**: Entsprechend seiner zentralen Funktion bietet Luino eine besonders gute Auswahl an Läden und Einkaufsmöglichkeiten, nicht nur für touristischen Bedarf, sondern auch für das italienische Alltagsleben ist gesorgt. Zwei Anregungen zum Warmwerden:

– **Panperfocaccia**, zentral in der Via 15. Agosto, Brot, Pizze und Focaccia in allen Formaten und mit allerlei Belägen, stets frisch aus dem Ofen, auch sonntags.

– **Pasticceria Rota,** Via XV Agosto 26. Die zwei süßen Spezialitäten von Luino: Baci, süße Küsse und dann Dolce rustico mit Mandeln und Nüssen. In der Pasticceria Rota gibt es ein feines Angebot süßer & salziger Kleinigkeiten, außerdem Kuchen und im Sommer selbstgemachtes „Handwerkereis“. Delikat auch die kleinen fünfmarkstückgroßen Pizzateilchen, Focaccia etc. Die Kaufentscheidung fällt jedesmal schwer – deshalb vielleicht erst mal einen Espresso an der Bar nehmen – mit einer kleinen Auswahl zum Probieren.

Landpartie am Sonntagmittag – Agriturismo Paü bei Luino

Von Luino in die Berge: Dumenza – Agra

Eine lohnende Bergfahrt führt von Luino nach Nordosten durch das zunächst noch sanft, später aber steil gefaltete Dumentina Tal. Schon nach gut zweieinhalb Kilometern landeinwärts ist die erste Haltestelle erreicht:

Azienda Agricultura PAÜ – Luino. Der 12 Hektar Hof liegt am Eingang des Val Dumentina in einem grünen Auen- und Hügelland auf 300 m Höhe. Im 19. Jahrhundert waren hier noch Sümpfe *(Paü* heißt im Dialekt Sumpf) – heute stehen Pferde, Kühe, Ziegen und Schafe auf mäßig gewellten Weiden, auch Kleinvieh gibt es und Obstkulturen. Fruchtbares Hinterland.

Agriturismo steht ja nicht nur für preiswertes Essen, sondern auch für Zeit zum Essen. Der klassische Sonntagmittag in Paü läuft also langsam an: um halb eins sitzen ein paar Gäste an langen Tischen im Grünen, die schon komplett eingedeckt sind. Nach und nach kommt mehr Gesellschaft

Rustikal und freundlich – Agricultura Paü oberhalb Luino

und so gegen halb zwei sind schließlich alle da – drei Generationen von Opa bis Enkel. Mit dabei ist auch die Muse für ein ausgiebiges Mittagessen, kein Gang wird ausgelassen.

Serviert werden nach Jahreszeit unterschiedliche Menus *(Menu invernale/Prima verile/Estivo/Autunnale)*. Am Anfang gibt's immer besonders gute Affetati misti (Aufschnitt eigener Wurst und Schinken: salame, pancetta, coppa, lardo und prosciutto d'ocra (Gänseschinken); als Primo eine Minestrone, Pasta, Polenta oder auch diverse Risotti; als Secondo Braten vom großen Stück, im Sommer was vom Grill; zum Schluß natürlich Dolce: Crostata della casa con marmellate (Mürbteigkuchen). Alle Gerichte sind aus eigenen Produkten, gekocht wird nach regionalen Rezepten. Zur ländlichen rustikalen Küche paßt der einfache offene Rote ausnehmend gut. Behend serviert von freundlichen Gastgebern. Die Kinder spielen nicht digital, sondern streicheln die Zicklein auf der Wiese – fast wie im Bilderbuch. So ein Mittag dauert und vor vier Uhr ging das letzte Mal keiner vom Tisch – ein normaler Sommersonntag.

Auch die Qualität des Affetati-Angebots (luftgetrocknetes Fleisch und Würste, Salami, Schinken, Käse) wäre ein Grund, zum Einkaufen vorbeizuschauen. Die Produkte zum Mitnehmen werden in einer Vitrine im Gastraum gezeigt. Verkauf der ausgezeichneten Bauernhofprodukte von Paü auch auf dem Mi-Markt in Luino, vgl. unten.

Azienda Agricola Paü, Bauernhof/Restaurant/Direktverkauf regionaler Produkte (Michele, Christian und Karin Callera), Via Dumenza 12, I-21016 Luino (zwischen Luino und Dumenza). ♠ Tische auf der großen Wiese, Mo und Di geschlossen. Reservation notwendig: Tel: 0039-0332-530962, www.agriturismopau.it. Preise: günstig.

Anfahrt: Agriturismo Paü liegt im Hügelland oberhalb von Luino (4,5 Kilometer von der Schweizer Grenze bei delle Fornasette; vgl. auch Grotto Collina), problemlose geteerte Anfahrt.

- **Hofprodukte auf dem Mi-Markt in Luino**. Hier am Stand von Nicoletta *Kedo* eigene Fermeprodukte von Ziegen, Käse und Schwein. Die Anbieter haben einen Agriturismo mit Zimmern in *Piero* (im Hinterland, Richtung Dumenza). Via Addolorata n. 3, Fraz. Piero, I-21010 Curiglia con Monteviasco, Tel. 0039-0332–56850, www.agriturismokedo.it

Dumenza, der Hauptort der seeabgewandten Gartenlandschaft, verteilt sich wie üblich über mehrere Fraktionen. Die Kernsiedlung liegt kaum einen Kilometer von der Landesgrenze auf 450 Metern und damit schon 200 Meter über dem Seespiegel in tiefgrünem Hügelland. Von Dumenza geht es in gefälligem Anstieg zum Kreuzungsort *Due Cossani* und weiter bis *Agra* auf 650 Metern. Der sonnig gelegene Bergort wandelte sich schon vor Jahrzehnten vom Dorf zur Sommerfrische. Aber wie das mit Luftkurorten so ist, außerhalb einer recht kurzen Saison hat man hier oben die Luft ziemlich allein fürs sich.

Ein Agriturismo hinter den Bergen: Vom Kreuzungsort *Due Cossani* bei Agra wäre ein Abstecher ins Bergdorf *Curiglia* möglich. Die gut ausgebaute, beeindruckend exponierte Straße führt an der extrem steilen Südflanke in die Wald-

Allein überm Veddascatal – Fattoria del Roccolo bei Dumenza

schluchten des **Valle Veddasca.** Auf der gegenüberliegenden Sonnenseite liegen die Bergdörfer wie auf einem Hochseil gereiht (Zufahrt dorthin wie unter Maccagno beschrieben). Die Straße nach Curiglia bleibt auf der bewaldeten und unbesiedelten Schattenseite des Tals. Ein einsames Gondeln über der abgrundtiefen Schlucht der Giona; noch vor Curiglia der beschilderte Abzweig zu einem bemerkenswerten Agriturismo:

Azienda Agrituristica Fattoria DEL ROCCOLO. Knapp zwei Kilometer führt die steile Piste in Richtung Monte Gradisca. Für einen normalen PKW ist die Strecke eben noch zu schaffen, aber die Kurbelei lohnt sich. Der Gutsbetrieb Roccolo (bewirtet seit 70 Jahren) liegt in Panoramalage auf 900 Metern. Unter der Pergola eine Terrasse mit weitem Panorama auf die gegenüberliegenden Dörfer. Craglio, Cadero, Armio und Lozzo, die am Sträßchen nach CH-Indemini (979 m) liegen – ein romantischer Schweizer Idyllespot, der während der Saison von Ausflüglern gehörig strapaziert

Brotzeit auf der Fattoria del Roccolo bei Dumenza

wird. Anders auf Roccolo, außerhalb der Wander-Hochsaison geht es hier ruhig zu. Typische Bergbauernstimmung mit Grunzen aus dem Stall, frischer Luft und freundlichen Wirtsleute, die in erster Linie Landwirte und dann Gastwirte sind. Auf Voranmeldung wird richtig gekocht, sonst ausgezeichneter eigener Ziegen- und Schafkäse, Salami, Speck und Schinken. Bei Betrieb auch Polenta und Salsiccia, Brasato von den Weiderindern, Ziegenbraten und ein Dolce-Angebot. Im Anbau die vier Gästezimmer, auch von hier weite Sicht auf das Veddascatal und den Bergweiler Curiglia. Im Sommer ein gutes, freilich abseitiges Quartier für Touren und Wanderungen.

Fattoria del Roccolo (F.lli Brancher). Strada per Curiglia, Roccolo 1, I-21010 Dumenza. Tel./Fax 0039-0332-56 84 77, www.fattoriaroccolo.com, von der Talstraße zweigt ca. 2 km vor Curiglia ein steiler, stellenweise grenzwertig buckliger 2 km langer Fahrweg ab – evtl. auch als MTB-Tour oder kleine Wanderung. Fahrer von tiefergelegten Fahrzeugen müssen leider unten bleiben. ♠ Pergolaterrasse, ⇁ Vier Doppelzimmer mit Bad und Veranda.

Liegt gut, schmeckt gut: Grotto Colino, CH-Monteggio

GROTTO COLLINA – CH-Monteggio. Kulinarischer Halt im Tresa-Tal: Unmittelbar bei der kleinen, landschaftlich eher abweisenden Grenzstation zwischen Luino und Ponte Tresa (Valico Fornaselle) führt – bereits auf Schweizer Seite – ein Sträßchen den Berg hoch und es beginnt ein Szenenwechsel, man kommt zunächst durch freundliches Garten- und Pergolaland: Kastanien, ein paar Palmen und viel Reben. Vom Grotto aus dann wundervolle Fernsicht nach Westen über den Lago hinweg, bei klarem Wetter bis zum Monte-Rosa-Massiv. Serviert werden authentische Gerichte (Pasta/Prosciutto/Lasagne) auf Granittisch und karierter Decke, alles paßt. Dazu ein freundlicher Service und für Schweizer Verhältnisse noch recht moderate Preise.

Grotto Collina (Fam. Ferrari), CH-6998 Monteggio, Tel. 0041-(0)91-60 82 478, RT: Mo, sowie Mitte Nov. bis Februar. ♠ Terrasse im Grotto-Stil.

Klare Kante am Ufer – Bar-Restaurant AGC in Porto Valtravaglia

18 ▸ Nischen um Caldè

Südlich von Luino bleibt die Küstenstraße strikt am Wasser. Germignana erinnert mit seinen aufgelassenen Produktionshallen noch ein wenig an die längst niedergegangene Seidenweberei; auch das anschließende Felsufer animiert nicht zwingend zur Etappe. Pittoresk wird es erst wieder nach ein paar Kilometern in Porto Valtravaglia. Die Hafenpartie um den Schiffsanleger hat sich in den letzten Jahren vom abgetakelten Corso zum Treffpunkt gewandelt. Mit der neuen, strikt durchgestylte *AGC-Bar* gibt es nun einen zentralen Treffpunkt am Wasser, vom zweiten Cappuccino am Vormittag bis zum letzten Rosso am Abend wäre hier für alles gesorgt, essen ganz im Stil der Zeit ginge auch.

Gleich hinter der Uferstraße das im Bonbonnieren-Stil renovierte *Albergo del Sole*, das Haus mag nicht jedem gefallen, einen Blick ins Innere der bunten Schachtel lohnt sich aber nicht nur für Innenarchitekten – man erlebt eine Variante des psychedelisch-mediterranen Landhausstil.

Landmarke an der Ostküste – Rocca di Caldè bei Castelveccana

Zwischen Porto Valtravaglia und Castelveccana werden Siedlungsart und Straßenführung dann etwas unübersichtlich. Ein Netz von Nebenstraßen erschließt Kleinsiedlungen, die im Hügelland überm See verstreut sind. Kein eigentliches Ortszentrum, sondern ein Wechsel von Gassen und Gärten. Ein zwingender Haltepunkte am Wasser wäre erst auf der Südseite des markanten Rocca di Caldè erreicht.

Caldè ist eine charmante Nische in begnadeter Lage, drei Kilometer nördlich von Laveno. Die Küstenstraße landeinwärts hält den gemeinen Durchgangsverkehr fern, man muß nach Caldè wollen und es lohnt sich. Unten am kleinen Hafenplatz lockt ein anregender Dreiklang: Hafenstimmung, Promenade, Bademöglichkeit. Das macht zwar noch kein „Portofino am Lago Maggiore", wie da und dort geschrieben steht, aber immerhin einen der lässigsten Plätze an der

Der Platz für einen lässigen Tag am Wasser – Bucht von Caldé

Ostküste. Unten am Yachthafen keine Sensationen, sondern zwei Restaurants mit Bar und eine Bootswerft, aber wenn es einen exklusiv gelegenen Arbeitsplatz gibt, dann hier:

Spielzeug für Boatpeople: „Heaven is on the back seat of my cadillac", reimte Hot Chocolate im Jahr 1976. Damals war auch die große Zeit der *Riva* Boote, Spielwiesen für ein standesgemäßes Posieren auf dem Wasser. Gunter Sachs hatte drei, in Ceausecaus Nachlaß fanden sich derer sieben und der Schah von Persien verfügte vermutlich über ein paar Exemplare mehr, jedenfalls befuhr er den Suezkanal mit einer neuer Riva. Der Springer Axel schipperte mit seiner »Tritone« über den Wannsee.

Gut 4000 Rivas wurden in den Wirtschaftwunderjahren gebaut, 2000 der Klassiker soll es weltweit noch geben, ein paar besonders prächtige Oldtimer haben am Lago Maggio-

re überlebt. Begüterte, denen es an Zeit zum Ausleben ihres Vermögens mangelt, parken in der kleinen Werft von Caldè gerne ihre Pretiosen. Ideale Kleinkunstbühnen zur Statusdemonstration, gerade auf den oberitalienischen Seen.

Zum Heulen elegant

Die Baureihen der mondänen Daycruiser heißen *Junior, Aquarama Special* oder *Ariston Cadillac*. Wer Glück hat, sieht sie in der Werfthalle von Caldè: Oldtimer mit schimmerndem Mahagonirumpf, exaltierte Armaturen, die an Straßenkreuzer erinnern: Zigarettenanzünder am Armaturenbrett, Bootshupen wie Polizeisirenen. „Rivas wurden nicht gebaut, sie wurden getischlert", hieß es einst. Das warme Mahagoni für die Innenverkleidung stammte aus Honduras. Die Über-

Kleinkunstbühne – Aquarama Special

motorisierung mit Achtzylindern von Chrysler und Cadillac war Programm, selbst die mächtige Bugwelle war kein Zufall. Vom Konstrukteur Carlo Riva heißt es, er habe die Bugfontäne dem Wasserspiel einer Fontäne abgeschaut.

Auf den softeisfarbenen Polstern der Riva-Sonnendecks wird bis heute eine Art Table Dance der besseren Kreise gegeben. Die engen Schlupfkabinen unterm Cockpit wirken dagegen spartanisch. Ein Einheimischer, der schon auf einigen Modellen fahren durfte, bemängelt, es sei eng und ziemlich unkommod an Bord, eben wie in einem alten Straßenkreuzer. Immerhin reicht der Platz für eine Kühlbox mit Prosecco. Zum Heulen elegant sehen sie aus, vor allem aber schön teuer. Playboys altern, ihre Rivas glänzen, bis heute.

Vineria con Cucina e Vista, Sunset in Caldè

Castelveccana-Caldè: In einer Rangliste von Italiens schönsten Arbeitsplätzen hätte die Riva-Bootswerft von Caldè sicher eine Spitzenposition. In Caldè werden aber nicht nur maritime Pretiosen gehütet, auch die Piazza ist eine Bühne: Täglich kommt ein ambulanter Händler mit seinem Kleinlieferwagen und verkauft Eis und Gemüse, außerdem treten ortsansässige Privatiers auf, denen nur schwer anzusehen ist, ob sie vom Kapitalertrag oder von staatlichen Transfers leben. Ein paar wissende Nordlichter haben sich beizeiten ein Ferienhäuschen gekauft. Vermutlich profitieren die Sommergäste in Caldè aber ohnehin von verschiedenen Säulen der Daseinsvorsorge. Außerdem gibt es hier, und deshalb sind wir eigentlich hergekommen, eine normales Restaurant und eine legendäre Bar namens *Sunset:*

SUNSET – Castelveccana/Caldè. Residenten, die den Lago hoch und runter kennen, meinen: Es gäbe kaum einen besseren Platz für Sonnenuntergang und absichtloses Dasein. *Vineria con Cucina* heißt es, ordentlich

Angekommen – am Hafen in Caldè

essen kann man durchaus im Sunset, im Grunde handelt es sich aber um eine klassenlose Sozialstation mit üppigem Weinangebot und kleiner, warmer Küche. Die gerät, je nach Tagesform und Laune der Akteure variantenreich, wobei die Speisekarte eher der Orientierung dient, man kann hier über alles reden, manchmal muß man es auch. Mitunter scheint die Bedienung so zurückhaltend, daß Selbstbedienung angebracht ist (oder ein Ausweichen ins benachbarte La Vela). Sofern aktiv, agiert Gastgeber Luca zwischen Stoizismus und kurzen Temperamentsausbrüchen. Drinnen ist die Sunset Bar nur einfach möbliert, also definitiv kein Platz bei kaltem, zugigem Wetter, sondern ein Treff für die warme Jahreszeit. Bei Sonne verlagert sich ohnehin alles auf die Gass', dann wird auch vor der roten Hausfront, an der Quaimauer oder im überdachten Annex am Bootssteg serviert. Einer der Plätze am Ostufer, um mal einen halben Tag am Wasser zu vergeigen.

Sunset, Piazza del Lago 3, I-21010 Caldè di Castelveccana, Tel. 0039-0332-52 13 07. ♠ Terrasse. Außerhalb der Saison RT: Di. Preise: mittel.

Gästehaus Santa Veronica in Caldè

- **SANTA VERONICA – Caldè di Castelveccana**. Das Problem, daß man Plätze wie Caldè ungern mitten im Abend verläßt, ließe sich in Lucas Gästehaus umgehen. Santa Veronica liegt nur Schritte von der zugehörigen Bar Sunset entfernt. In einer lombardischen Villa sind sechs einfachst ausgestattete Doppelzimmer, von denen einzelne auch zur Ferienwohnung kombiniert werden können. Gastgeber Luca geht die Sache auch hier eher lässig an, die Logierpreise sind sozialverträglich, freilich bleiben Betreuung und Service aufs nötigste beschränkt. Santa Veronica Guest House, via Monfalcone, 7, I-21010 Caldè di Castelveccana (VA), Tel. (0039) 0332-52 13 20. www.santaveronicaguesthouse.com. Auskunft auch in der Sunset-Bar.

Baden: Das Uferstrรäßlein in Caldè führt zunächst als kleine Promenade gefällig am Hafen entlang nach Süden; später nur noch als Fußweg über Privatgärten mit Seeanstoß bis zu diversen öffentlichen Strandabschnitten mit grobem Sand- und Kiesstrand. Hier immer wieder Bademöglichkeiten von belebt bis ruhig, im Sommer hat in einer Bucht auch ein Kiosk geöffnet. Im Bereich weiter südlich ist genug Platz (und Schatten) für einen langen Badetag mit großartigem Blick auf die *Rocca di Caldè,* selten herrscht hier Hochbetrieb.

Wieder so eine Nische – Spiaggia arcate, Blick auf die Rocca di Caldè

- Die Zone nördlich der Bootswerft, zwischen *Rio dell' Asino* und den Ruinen der ehemaligen Zementfabrik, wurde 2007 aufgewertet. Seither führt eine Verbundholzbrücke über den Rio und der Uferweg zu den Resten einer ehemaligen Kalkbrennerei wurde zu einer kleinen Seefront-Promenade, auch hier diverse Möglichkeiten für ein Bad.

Von Caldè bis Laveno: unmittelbar vor Laveno verschwindet die Uferstraße in einer Reihe von Tunneln und dunklen, rußgeschwärzten Galerien. Aber wenig davor (respektive gut einen Kilometer südlich Caldè) gibt es noch einmal reichlich Panorama und einen jener unvermittelt auftauchenden Badplätze, die an der Ostküste oft so plötzlich erscheinen, daß man fast am Parkplatz vorbeirauscht. Der hier ist aber besonders groß (im Sommer mit Kiosk), er heißt *Spiaggia pubblica cinque arcate.* Unterhalb der Straße kleine Badebuchten im Fels und eine famose Aussichtsplatte.

19 ▸ Laveno und Val Cuvia

Das sympathische Hafenstädtchen mit Kopfbahnhof und Autofähre liegt am Fuße des Aussichtsberges *Sasso del Ferro* (1 062 m), eine Seilbahn führt bis knapp unter den Gipfel; von dort einzigartiger Blick über den See, sowie in die Bucht von Stresa, in der Mitte die drei Borromäischen Inseln im dunkelblauen Wasserspiegel! Bei hellem Wetter zudem Blick auf die Schneegipfel des Monte Rosa und den Simplon.

Laveno ist aber ist mehr als eine Aussichtsplattform: Bahn und ganzjährige Autofährverbindung nach Verbania-Intra sorgen für einigen Betrieb vorne am Hafen, wo nun auch ein lange Zeit verwahrlostes Firmenareal im nördlichen Bereich entwickelt wird, somit wird die Schwachstelle unten am Ufer endlich ansehnlicher. In den – erstaunlich weitläufigen – Vierteln zwischen Hafen und Bahnhof ist nicht alles für den Tourismus zurechtfrisiert. So wirkt Laveno etwas normaler und alltäglicher, Altstadt-Gassencharme wie an der Westküste gibt es hier freilich nicht.

Kleine Kreuzfahrt – Autofähre Laveno – Verbania

▪ *Focacceria Lo Spuntino.* Für die schnelle Pizza am Hafen. Die kommt hier frisch aus dem Ofen und direkt vom Blech – z.B. eine dünne Tranche Margherita auf die Hand. Außerdem eine Auswahl an: Tortellini, Lasagne und diverse Panini; Sitzen und Gucken geht auch, auf dem kleinen überdachten Abteil auf dem Platz gegenüber vom Fährhafen: Via L.A. Volta 9. Dort auch weitere Cafés für einen Cappuccino am Morgen – das Warten auf die nächste Fähre kann so schön sein!

▪ Restaurant *Concordia.* Schon seit Jahren eine sichere Adresse ziemlich unübersehbar an der nördlichen Ortseinfahrt, direkt an der Straße, die zum Hafen führt. Aus einem Leserbrief: „Hier stimmt alles im besten Sinne: italienische Küche der alten Schule – hervorragende Qualität der Zutaten, ein freundlicher Patrone und das Preis/Leistungsverhältnis ist in Ordnung." Ristorante *Concordia,* Piazza Marchetti 7, I-21014 Laveno-Mombello. Tel: 0332-667380, RT: Mo, drei Wochen im Januar.

Kontrastprogramm: Bergfahrt zur Alpe San Michele

Vom Val Cuvia auf die Alpe San Michele

Reservieren Sie einen hellen, schönen Tag für diese Bergfahrt durch das ruhige, grüne Bergland von Laveno: Eine reizvolle Nebenstrecke windet sich aus dem Val Cuvia bei Casalzuigno in engen Serpentinen bergwärts über Arcumeggia (570 m) in Richtung San Antonio am Fuß des Bergmassivs Monte Nudo (1.235 m).

Arcumeggia ist ein Bergnest mit engen Gassen, das in jedem Reiseführer wegen seiner Fassadenmalereien als Sehenswürdigkeit gepriesen wird. Maler des Landes wurden hier seit den späten 50er Jahren auf Einladung aktiv, die weitere Entvölkerung der kleinen Berggemeinde sollte durch eine plakative Kunstaktion verhindert werden, was aus heutiger Sicht eher leidlich gelang. Sicher, da und dort ziehen bis heute Tagestouristen über das bucklige Pflaster des Freilichtmuseums. Es gibt Läden mit etwas Kunsthandwerk und Devotionalien, auch ein *Ristorante del Pitore* (mit Aussichtsterrasse und einfachen Zimmern). Die soziale Grundvitalität

„Quäl dich, du Sau" – Szene im Freilichtmuseum Arcumeggia

der Gemeinde hält sich aber in ebenso in engen Grenzen, wie das Kunstinteresse der meisten Besucher. Die wirken auf ihrer Runde durch den teils weiter verfallenden Ortskern eher ratlos als inspiriert. Die mal kunstvollen, mal schon verblichenen, oft nur gut gemeinten Fassadenmalereien sind eine Episode, nicht mehr, nicht weniger. Hobbyradler, die heute auf der fordernden Route über den San Antonio Pass asten, steigen in Arcumeggia kaum mehr vom Rad.

Nach Arcumeggia gewinnt man weiter an Höhe und Distanz zum heiteren Lago Maggiore Bild, es wird gebirgig: vereinzelte Wochenendhäuser am Steilhang, lichte Laubwälder, Bergweiden, einzelne Terrassengärten und immer wieder spektakulärer Blicke auf Berge und Lago. Unterwegs zwei rustikale Einkehrmöglichkeiten mit Landküche und Panoramaterrassen. Südalpines Italien wie früher, vor allem aber ein Kontrastprogramm zum weitgehend erschlossenen Küstenstreifen.

- **Routenverlauf** (auch als sportive Rad- oder MTB-Strecke möglich): Die Route beginnt im Val Cuvia (östlich Laveno), Abzweig von

Bergziel mit Seeblick – Alpe San Michele

der Talstraße S 394 in die Berge wenige Meter östlich der Ortsdurchfahrt von **Casalzulgno.** Reizvolle Bergfahrt in Richtung Arcumeggia und der Paßhöhe San Antonio: Serpentinenreich und zunächst recht steil aufwärts über die Pässe San Antonio (647 m) und San Michele (890 m); weiter leicht abwärts durch Bergwälder bis auf die weiten, sonnigen Hochweiden um die **Alpe San Michele** (Siedlung auf 820 m gelegen, Einkehrmöglichkeit vgl. unten).

Die sonnige Alpe San Michele wäre auch ein guter Ausgangspunkt für Panoramawanderungen, es gibt hier zahlreiche markierte Wege, (Parkplatz und Wegweiser bei der erhöht gelegenen Kapelle). Ehemals war hier ein einfaches, fast entvölkertes Bergdorf; die schlichten, alten Steinhäuser links und rechts der engen Ortsdurchfahrt sind nun als Wochenendhäuser hergerichtet – ohne Fassadenmalerei.

Weiter ab Alpe San Michele: Mit dem Auto wieder zurück zur Hauptstrecke Richtung Passo San Antonio, dann über San Antonio abwärts zum See bei Castelveccana. An der Abfahrt liegt eine einfache, grottoähnliche Einkehrmöglichkeit auf halber Höhe über dem See mit einer grandiosen Terrasse: *Trattoria San Antonio* (vgl. unten). Danach kurvenreiche Talfahrt in weiten Schleifen durch Wälder bis Castelveccana.

Und am Ende der Straße wartet ein Ristoro: Alpe San Michele

ALPE SAN MICHELE – Rustikale Küche in einem Weiler auf 830 Metern, aussichstreich über dem See gelegen. Das einfache Berggasthaus liegt an der Kreuzung diverser Wanderrouten in freier Lage, mit kleiner Terrasse. Es gibt hausgemachte Antipasti, ein lokales Menü und andere Spezialitäten aus der Region, etwa Ziegenkäse mit Honig, auch „Polenta per tutti i gusti“ oder auch mal einen Brasato vom Rind. Ein stimmiger Platz.

Ristoro Alpe San Michele, Fraz. di Porto (Va). Handy 0039-338-6728822, www.alpesanmichele.it, RT: Mo.

Trattoria SAN ANTONIO, die Lage auf einer Terrasse hoch über dem See spricht für sich; wer hier eine Mittagspause einplant, sitzt gut. Die einfache, doch genügende Küche orientiert sich an den Notwendigkeiten des Ausflugsbetriebs. Die auf Keramik geschriebene Karte bietet „Piatti rustici“ aus eigener Herstellung (Salami, Schinken, Speck), einen gemischten Käseteller, auch Pasta und Polenta.

Trattoria San Antonio, loc. S. Antonio 1, bei: I-21010 Castelveccana. Handy (0039)335-5414480. RT: Mo.

20 ▸ Südlich Laveno – Strand- & Landpartien

Südlich von Laveno verläuft die Küstenstraße nicht mehr unmittelbar am Ufer und damit wenig spektakulär. Die Berge ziehen sich zurück, der Verkehr nimmt zu. Einzelne Stichstraßen führen vor zur Küste, die weiter im Süden immer flacher wird und stellenweise schon einen Schilfgürtel trägt.

Gleich in Laveno-Mombello wirkt das Restaurant *Il Porticciolo* aber nochmal dramatisch eng zwischen Straße und Felsküste geklemmt. Das in diversen Führern gelobte Haus

Viel Strand, Schatten und Panorama – Laveno-Cerro

konnte uns nie so recht begeistern. Ein Parkdeck liegt direkt über den Zimmern, wegen der Nordwestlage wird es früh schattig, der Empfang wirkt reserviert – heikler Luxus.

In Lavenos südlichen Ortsteilen *Laveno-Cerro* und *Reno* dann zwei volksnähere Gelegenheiten, um gut ans Wasser zu kommen. Besonders der Küstenvorort *Cerro* hat – mit seiner stattlichen Promenade, dem luftigen Sommercafé und dem weiten Sandstrand bis heute etwas von seiner nostalgischen Ausflugsstimmung erhalten. Die verwitterten Brü-

Dreierpack am Hafen – Pizzeria, Ristorante, Pensione Croce Bianca

stungen längs der Lindenpromenade und die unaufgeregte Stimmung am Strand passen zur lässigen Sommerfrische. Bei klarem Wetter im Frühsommer reicht der Blick bis zur verschneiten Alpenkette und das Wasser im See ist schon angenehm warm. Ein entspannter Platz am See, typisches Ostküstengefühl. Nur an den Ferienwochenenden wird es hier turbulenter, dann versammelt sich rund um die Pizzeria *Croce Bianca* die kleine Welt.

NUOVA CROCE BIANCA – Cerro di Laveno Mombello. Drei in einem: Parterre die Bar-Pizzeria am Wasser, ein Treffpunkt nach dem Strand und überhaupt, im ersten Stock das Restaurant mit Panorama-Speisesaal, darüber sechs einfache Gästezimmer, nur zwei davon sind richtig gut, die nach vorne mit grandioser Aussicht auf See und Berge (Leser klagten allerdings nach dem jüngsten Pächterwechsel über unpersönliche Bedienung).

Das Haus liegt freilich prominent am Wasser, auf ein Pa-

Nostalgie am Wasser – Cerro di Laveno-Mombello

nini, oder auch zum Zeitung lesen ist der Platz allemal gut. Die Stimmung paßt dazu, im kleinen Bootshafen kein Gedöns, sondern schaukelnde Bootle. Die einfachen Zimmer im zweiten Stock sind zumindest eine Option als preiswerte Etappe, das Frühstück wird im Panoramasaal serviert, gleich daneben ein öffentlicher Strand. Die beiden Seesichtzimmer müssen früh reserviert werden!

Nuova Croce Bianca, I-21014 Cerro di Laveno Mombello, Via dei Pescatori 2, Tel./Fax 0039-0332-66 83 42. ♠ Freiterrasse direkt am kleinen Bootshafen, Preise: günstig-mittel. einfache Zimmer im 2. Stock, teils mit großer Sicht.

Strandpromenade in Cerro – wie erwähnt mit ungewöhnlich langem, feinem Sandstrand und einer großen Liegewiese dahinter (auch genug Parkplätze vorhanden). Im Sommer hat das Terrassenrestaurant an der Promenade geöffnet, ein Platz zum Dabeisein.

Klassischer Strandalbergo – Riva in Laveno-Reno

Reno-Laveno: Gut fünf Kilometer südlich von Laveno-Cerro abermals ein kleiner Küstenort und wieder eine Gelegenheit zu einer Etappe der stilleren Art. Zwar wurde auch in Reno der eine oder andere Appartement-Container gebaut, aber der Albergo Riva, der beachtliche öffentliche Strand davor und die Pizzeria in der Kurve oben an der Hauptstraße sind wie eh und je – Italien ohne Allüren.

Albergo RIVA – Reno/Laveno-Mombello. Der kleine, einfache Albergo Riva liegt erstklassig, aber der Betrieb läuft seit Jahr und Tag mit gedrosselter Drehzahl, es ließe sich zweifellos mehr aus einem Haus in solcher Lage machen, aber auch so haben die Dinge ihren Reiz. Eindeutiger Pluspunkt ist die ruhige Alleinlage am Lago (wieder mal eine enge und steile Zufahrt). Jedes Zimmer nach vorne hat eine kleine Veranda und einzigartigen Blick auf See und das Monte-Rosa-Massiv. Vor dem Albergo wartet ein Freisitz unter dicht belaubten Linden, von hier direkter Zugang zum See. Somit bleibt nur noch die Frage: schon vor oder erst nach dem

Erfrischung mit Alpenblick – am Strand bei Laveno

Frühstück schwimmen? Gekocht wird im Hotel schon länger nicht mehr, aber für den kleinen Hunger gibt's oben im Ort zwei akzeptable Gartenrestaurants, davon eine Pizzeria (gleich nach der scharfen Kurve). Freundliche Wirtsfamilie, man spricht Französisch, auch etwas Deutsch. Terrasse mit Potential, das freilich nur zurückhaltend genutzt wird. Ein ungeschliffener Edelstein.

Albergo Riva, via Lungo Lago, 14. I-21038 Reno-Laveno-Mombello. Tel. 0039-0332-647170, e-mail: albergoriva@virgilio.it. ♠ Seeterrasse. Preise: mittel, mit Frühstück um die 80 Euro, derzeit ohne Restaurant.

Spiaggia pubblica – Der beliebte Sand- und Kiesstrand mit Südalpenblick reicht über die gesamte Uferpromenade, einer der größeren Strände an der Ostküste, Dusche an der Quaimauer, dahinter eine kastanienbeschattete Wiese (großer Parkplatz).

Bed&Breakfast in feiner Lage – Mon-bay Villa, Monvalle

MON-BAY VILLA (Bed & Breakfast) – Monvalle. Versteckt hinter einer hohen Hecke liegt eine moderne Villa am Südhang über dem See und dem kleinen Bootshafen in der Bucht. Die Eigentümer vermieten hier drei elegante Gästezimmer, die vom großzügigen Schnitt und der Südlage der Liegenschaft profitieren. Auf den Sonnenterrassen, erst recht am Pool – man fühlt sich privilegiert, jedenfalls alles andere als banal untergebracht. Der Blick geht ungehindert über den See und die Boote im Hafen der Monvalle-Bucht. Der diskret freundliche Stil der Gastgeber paßt zur Anlage – hier muß niemand niemandem was beweisen. Ein komfortables Refugium an einer freundlichen Stelle der Ostküste.

B&B Mon-bay Villa, via Roma 8, 21020 Monvalle, Tel./Fax (0039) 0332.799 121, www.bbmonvalle.it. ♠ Seeterrasse, Garten. Preise: fair, Fahrräder können ausgeliehen werden.

Spiaggia pubblica Arolo – nach enger Ortsdurchfahrt: direkt am Hafen ein Restaurant mit Panoramasaal, speziell am Wochenende Veranstaltungen, Strandkiosk.

Vier Kilometer am Fels lang – Uferweg zur Punta d'Ispra

Zwischen Ispra und Angera

International bekannt wegen des landeinwärts gelegenen EU-Forschungszentrums, liegt Ispra mit seinem alten Ortskern etwas abseits der Küste. Unten am Bootsanleger wirkt das Ufers indifferent, am südlichen Ende der Promenade ein kastenförmiger Hotelbau, am nördlichen ein kleiner Park mit ganz nettem Bistro, dazwischen etwas Sandstrand. Gleich dahinter ein schick sein wollendes Restaurant, das Mittelmäßiges zu forschen Preisen anbietet; Tartar vom Norwegischen Balik Lachs mit Schwarzbrot gibt es nun auch in Ispra, zu 16 Euro.

- **Uferweg zur Punta d'Ispra:** Lohnend ist der 4.3 km lange Uferweg nach Norden (markiert: Anello/Fornaci), er führt rund um die Ispra-Halbinsel, erst am Strand, dann unmittelbar über dem Ufer, oft auch an der Felsküste verlaufend (Bild oben), hier kleine Badeplätze oder auch warme Sitzecken für ein Sonnenbad im Herbst.

→ In Ispra-Ort, gleich an der Einfahrtstraße Via Piave, die *Pasticceria San Gabriele,* traditionelle norditaliener Caféhausstimmung, mit kleinen Schnittchen und kurzen Gesprächen, schöne Etappe.

Villen hinter hohen Mauern – am Uferweg zur Punta d'Ispra

Schnelle und langsame Brüter: Zwischen der Seefront und dem höhergelegenem Ortskern von Ispra stehen alte Villen in großen Parks hinter hohen Mauern. Die Funktion dieser abgeschirmten Liegenschaften erschließt sich dem Fremden nicht auf den ersten und erst recht nicht auf weitere Blicke. Auch hinter den Mauern des riesigen Forschungszentrum landeinwärts wirkt Ex-Euroatom-Ispra ein wenig wie Wandlitz im Süden. Zwar wird hier bereits seit Ende der 50er Jahre eifrig geforscht, getagt und gegutachtet, zu wessen Fromm und Nutz bleibt – gerade nach der Atomwende – dem gemeinen Bürger weitgehend verborgen.

Schon 1961 erwarb die damalige Europäische Gemeinschaft das serbelnde italienische Kernforschungszentrum zum symbolischen Preis von einem Dollar, es sollte eine koordinierte, europäische Atomforschung vorangetrieben werden. Das Vorhaben scheitere aber schon wenige Jahre später an nationalen Alleingängen. 1967 meldete der Spiegel: Heute hat Ispra zwar noch 2200 Bedienstete (darunter 1750 „Europa-Beamte"), aber vorerst kein Jahres-Budget

Warme Flachwasserzone – Gurée-Beach bei Monvalle

mehr, sondern lebt von monatlichen Zwischenzahlungen. Ispra-Generaldirektor Hendrikus Kramers damals zum SPIEGEL: „Unser Geld ist zu Ende. Wir können nicht einmal mehr einen Hilfsarbeiter einstellen." Europäische Zwischenzahlungen scheinen aber bis heute üppig zu fließen, das Forschungsgelände wurde erst 2008 vergrößert, Euratom wurde zum *Joint Research Center* der EU, in Ispra vertreten mit einem *Institut für Umwelt und Nachhaltigkeit* (IES), einem *Institut für Gesundheit und Verbraucherschutz* (IHCP), sowie einem *Institut für Schutz und Sicherheit des Bürgers* (IPSC). Noch Fragen?

Strand bei Ispra: Schöneren Strand als in Ispra findet man am *Gurée-Beach,* zwei kilometer nördlich von Ispra auf Höhe Monvalle, am Kreisel dem Schild »spiaggia communale« folgen. Eine ruhige Badestelle, teils mit Sandstrand und einer gut beschatteten Wiese dahinter, im See eine Flachwasserzone mit warmen Temperaturen. Mit Sommerrestaurant (Il Pirata), südlich davon:

→ Camping *Lido Monvalle,* sympathischer Campingplatz direkt am See (Abzweigung am Kreisel ausgeschildert). Via Montenero, 63, I-21020 Monvalle (VA), Tel./Fax (0039)0332-79 93 59, campinglido-monvalle@libero.it

Provinz verbleicht – Fassade in Castello Cabiaglio

Gut Einkehren in tiefer Provinz: Von Laveno-Mombello führt eine Verbindung über das Val Cuvia nach Ponte Tresa am Luganer See. Landschaftlich bietet die Talroute auf der S 394 über weite Strecken eher Graubrot, zersiedeltes Land, permanenter Verkehr. Überraschungen verbergen sich, wie so oft, schon ein paar Kehren abseits der Hauptroute. So auch am Nordrand des waldreichen Nationalparks *Monte Campo dei Fiori*: ein wenig abseits der Straße von Orino nach Brinzio liegt ein kleiner Weiler namens *Castello Cabiaglio.* Der Ort sprüht wahrlich nicht vor Vitalität, es wartet vielmehr träge Provinz, am Ortsrand angereichert mit ein paar zu groß geratenen Wochenendhäusern. Im alten Dorfkern führen enge Gassen zum kleinen Zentrum mit der obligatorischen Bar, die alten Hausaufschriften von Metzgerei und Alimentari sind längst verblaßt, aber am Wochenende kann man hier oben trotzdem eine kulinarische Überraschung erleben – wer in so einem Bergsversteck wirtet, muß etwas bieten:

Aufrichtige Cucina casalinga in Castello Cabiaglio

IL VERDERAMO – Castello Cabiaglio. Wer an einem Sonntagmittag etwas früher kommt, wundert sich vielleicht: Alle Tische eingedeckt, in der Küche alle Mann an Bord, aber kein Gast zu sehen. Also noch mal zwei Gassen runter an die Bar auf einen Frizzante. Ab viertel vor eins geht es dann ruck, zuck: Gäste rangieren und parkieren. Manche nehmen kurz noch einen Aperitif in der Bar und gehen dann die paar Schritte hoch zum „Ristoro Casalingo“. Dort ist der rustikale Gastraum mit den karierten Tischdecken, dem offenen Kamin und einem großen Tresen schon um eins completo. Aus gutem Grund: Die Damen des Hauses servieren in familiärer Atmosphäre eine aufrichtige Cucina casalinga. Gemischte Antipasti gibt es in kalter und warmer Ausführung, ab vier Personen auch als opulente Mischung von allem. Die vier, fünf Primi werden auch als halbe Portion nacheinander serviert (als Bis di Primi, Tris di Primi etc.), darauf folgen als zweiter Streich: Lamm und Kaninchen, Braten und Filet – saubere, bodenständige Küche bis zum hausgebackenen Brot und den eigenen Kuchen.

Bemerkenswert kundige Weinauswahl. Betriebsame, aber gelassene Stimmung, ohne lästige Feinschmeckerallüren. Il Verderamo – gut für Gaumen und Seele.

Il Verderamo, I-21030 Castello Cabiaglio (ca. 15 km östl. Laveno-Mombello), Tel. 0039-0332-435866, RT: Mo und Di, unter der Woche nur abend, Sa und So auch mittags (möglichst reservieren). ♠ Terrasse und zwei, drei Tische im Vorgarten. Preise: günstig.

Im fetten Hügelland: Auch südwestlich des *Parco Naturale Campo dei Fiori* zwischen *Gemonio* und *Gavirate*, fährt man durch wohl genährtes Hügelland. Hier ist zwar noch kein Mailänder Speckgürtel, aber schon fette Provinz. Die Grenze zwischen alten Dorfstrukturen und weit ausufernden Pendler- oder Wochenendvierteln ist verschwommen, ein verwirrendes Netz von Nebenstraßen erschließt Villensiedlungen, Dörfer, Ortsteile und Fraktionen sonder Zahl, die Orientierung ist hier nicht ganz einfach. Die zwischen den Hügeln versteckten kulinarischen Ziele lohnen aber auch mal die Sucherei. Das Hinterland zwischen *Laveno* und *Angera* wäre zudem für einen Radausflug abseits der Küste gut, wegen der milden Steigungen und der vielen Nebenstrecken.

Agriturismo BONÉ – Caldana di Còcquio. Ein leistungsfähiger Agriturismo (mit Pferdeboxen, Reitschule und Gästezimmern) im saftig-grünen Hügelland über dem Lago di Varese gelegen. Schon die große überdachte Terrasse und die dicht möblierten Speiseräume zeigen, daß es hier besonders an den Grill-Wochenenden zu lukullischen Prozessionen kommt. Das kulinarische Ritual ist je nach Wochentag fixiert. Hausspezialität ist eine gemischte Fleischplatte, die wird auf langen Spießen über einem vertikalen Holzkohlegrill gegart: *Carne allo Spiedo cotto al legna* gibt es jeweils am Montagmittag, Freitagabend, Samstagmittag und abends, sowie am Sonntagmittag (für 32 Euro

Carne allo Spiedo vom Holzkohlengrill – Agriturismo Boné

inklusive Getränken und Café). Am Mittwoch-, Donnerstag- und Freitagmittag gibt es ein (und nur ein) Mittagsmenü in drei Gängen für ganze 10 Euro, durch Supplements kann aber auch dieses Menü noch weiter ausgebaut werden. Speziell am Wochenende ist der Platz zwischen den Stallungen und dem Agriturismo um zwölf noch leer. Wie auf geheimes Kommando beginnt dann ab 12.30 Uhr die Vorfahrt der Gäste, spätestes um ein Uhr ist dann kaum ein Stuhl mehr frei. Der Umtrieb ist verständlich, denn alles wirkt hier unprätentiös, einfach, aber richtig gut gemacht. Und wieder mal diese Frage, weshalb eigentlich nördlich der Alpen niemand auf solche Ideen kommt, man würde dafür gerne auch ein paar Taler mehr auf den Tisch legen. Allein schon der Stimmung wegen: die ist von der Sorte pralle, satte Landpartie.

Agriturismo Boné, I-21034 Caldana di Còcquio (ein Kilometer außerhalb, an der Straße nach Orino und Castello Cabiaglio), RT: Di; es gibt nur feste Menüs (Festpreis für das Fleischmenü vom Spieß, mit Getränken und Café: 32 Euro, von Mi bis Fr Mittagsmenüs für 10 Euro. Möglichst reservieren, Tel. 0039-0332-700 463, preiswerte Gästezimmer, weitere Details: www.agriturismo-bone.com. ♠ überdachte Veranda mit etwas Blick auf den Lago Varese.

21 ▶ Ranco und Angera

Am guten Ende: Zwischen *Ranco* und *Angera* schiebt sich eine grüne, nur locker besiedelte Halbinsel in den See. Das Westufer liegt in Sichtweite, bei Nordwind und klarem Wetter sind von Angera aus auch schon die Tische der Straßencafés in Arona zu sehen.

Die attraktive Ranco-Halbinsel ist zwar mit einer durchgehenden Uferstraße erschlossen, sie führt zur großzügigen Seepromenade Angeras und den anschließenden Sandstränden, aber der meiste Verkehr wird doch von der landeinwärts führenden Hauptstraße abgehalten. So haben die drei, vier Kilometer Küstenverlauf zwischen Ranco und Arona

Wellen weiß, Himmel blau – Ranco bei Nordwind

etwas, was am unteren Seebecken die Ausnahme ist: eine gepflegt-heitere Seeseitenstimmung, die für ein paar Tage Strand- und Landleben allemal genügt. Sicher fehlen Dramatik und landschaftliche Höhepunkte der Steilküste weiter im Norden. Die Berge halten sich am Übergang zur norditalienischen Ebene bescheiden im Hintergrund, aber dafür ist Mailand keine Autostunde entfernt. Und das Publikum wirkt mitunter fast schon international, zu guter Letzt gibt es zwei zuverlässige Hoteladressen, sowie gute Einkehrmöglichkeiten im Hinterland.

Für den etwas größeren Auftritt – Terrasse Il Sole di Ranco

Ranco mit einem klitzekleinen Ortskern und weit in den Hügeln verstreuten Villen hat eine stille Attraktivität, die sich nicht zur Schau stellen muß. Auch die Herbergen sind bemerkenswert. In hervorragender Position über der Küste ein Haus der Relais & Chateaux Vereinigung: *Il Sole di Ranco.* Mit Lage, Lage, Lage könnte man die Vorzüge des kleinen, feinen Küstenpalazzo zusammenfassen, und darüber vergessen, daß die vom roten Michelin besternte Küche ihre mitunter arg gekünstelten Anstrengungen in solcher Umgebung garnicht nötig hätte. Die Restaurantterrasse, der Pool im Park, die Sauna ebenda, da wäre die Schokoladensauce zur Dorade auch entbehrlich. Vitaler und volksnäher wirken Küche und Gäste im beliebten Mittelklassehaus *Belvedere* direkt gegenüber auf der anderen Straßenseite (Details vgl. unten).

Gutes Haus am richtigen Platz – Albergo Belvedere in Ranco

Albergo-Ristorante BELVEDERE – Ranco. Gewirtet wird hier schon seit 150 Jahren und bis heute gehört die Pergolaterrasse über dem See zu den Speiseplätzen an der Ostküste. Hinzu kommt jene angenehme Wirtsstimmung, wie sie nur ein eingelaufener Familienbetrieb bietet. Die Gastgeber sind präsent, die Karte liest sich nicht prätentiös, aber beachtlich und endlich mal nicht nur die üblichen Standards, sondern auch ein paar Klassiker, die anderswo in der Mittelklasse selten sind: Etwa ein Thunfischcarpaccio mit Salat aus grünen Taggiasca-Oliven, Saisongemüse in Agrodolce, Ravioli di Brasato con sugo d'arrosto und für zwei Personen wird ein Risotto con Persico (mit Egli) gerührt, dazu stets zwei, drei frische Tagesangebote nach Ansage. Und alles kommt im Belvedere routiniert zu Tisch, eine sichere Adresse in hervorragender Lage. Das sehen offenbar die allabendlich zahlreich einlaufenden Einheimischen ebenso, also kommt es zur großen Koalition genußbereiter Gäste und einer locker, informellen Stimmung. Wer sich hier nicht wohl fühlt, dürfte noch ein paar

andere Probleme haben. Schon seit 2004 gehört zum stattlichen Ristorante ein Gästehaus mit acht komfortablen Zimmern. Den kleinen Aufschlag für die vier Doppelzimmer zur Seeseite sollte man sich unbedingt leisten. Eine Herberge, die im Verein mit der berankten Terrasse an Sommerabenden zur großen Bühne wird.

Rist./Albergo Belvedere (Fam. Merzagora), via Piave 11, I-21020 Ranco, Tel. 0039-0331-97 52 60, Fax 0331-97 57 73, www.hotelristorantebelvedere.it, Restaurant-RT: Mi. ♠ Terrasse, acht Gästezimmer. Preise im Restaurant: mittel, im Albergo: gehoben.

Der Vollständigkeit halber noch die beiden anderen Hoteladressen in Ranco:

Speisen und Staunen – Albergo Belvedere, Ranco

- **Il Sole di Ranco** ein fein-intimes Relais & Chateaux mit familiärer Note, selten erhabene Anlage über dem See, Pool im Park (die Tür zum Strand bleibt leider verschlossen), repräsentativ-hochpreisige Michelin-Sterneküche. Üppiges Frühstücksbuffet, im Sommer auf der ♠ großartigen Seeterrasse unter der Pergola. historisierend möblierte Gästezimmer, Tel. 0039-0331-97 65 07, www.ilsolediranco.it; Rest.-RT: Mo-Mittag und Di.

- **Conca Azzurra**, funktionales Ferienhotel im konventionellen Stil, ruhige Lage in einer parkähnlichen Anlage am Nordrand des Ortes (Tennis, Pool, Strand). Das Haus gehört zur «Logis d'Italia»-Gruppe, die in Frankreich unter dem grün-gelben Kaminsymbol «Logis de France» bekannt ist. Tel. 0039-0331-97 65 26, www.concazzurra.it.

MOLO 203 – zwischen Ranco und Angera: Schon die kleine Küstenstraße zwischen Ranco und Angera wäre nicht ohne Reiz, der Treff um Rancos Bootsanleger ist aber erst recht einen Abstecher wert. In wenigen Jahren hat sich der Platz am Seesteg zum ebenso vielseitigen wie beliebten Treffpunkt entwickelt. Die Mole ist ein gastronomischer Ableger des Luxushotels «Sole di Ranco», Stimmung und Angebot am Wasser sind aber ungleich volksnäher als oben im Hotel. Vom kurzen Glas im Stehen bis zur einfachen, aber vollauf genügenden Abendspeisung auf Holzbänken gibt es hier Angebote für schier jeden Einkehrwunsch. Tagesangebote stehen auf der Tafel, dazu kommt eine Standardkarte: Antipasti, Häppchen und Affetati, Schinken oder Käseplatte, Oliven. Das Publikum oszilliert zwischen lokal und international, zwischen Handwerker im Overall und

Ein Platz für alle: Molo 203 in Ranco

Damen im Kostüm. Das einzige Problem des Ortes ist seine Popularität, für einen geruhsamen Sonnenuntergangsabend ist mitunter einfach zu viel los und drinnen im Glasbau wird es schnell recht laut. Die schönsten Plätze sind aber ohnehin draußen an den langen Holztischen. Die freie Westlage sorgt für spektakuläre Sonnenuntergänge – und laue Hochsommernächte. Bei Terrassenwetter eine der lässigsten Anlegestellen am See.

Molo 203, via Lungolago, I-21020 Ranco, Tel. 0039-0331.97 51 90, RT: Di. ♠ Seeterrasse.

Weiter nach Süden in Richtung nach Angera beginnt dann eine schöne Küstenpassage – immer wieder Blick auf das gegenüberliegende Piemonteser Ufer, am Hang verstreut ein paar Ferienhäuser, kein Massenbetrieb nirgends.

Zeit für den Sundowner – Albergo Il Sole di Ranco, Ranco

Baden: *Spiaggia di caravelle* (zwischen Ranco und Angera, kein Schild, den Namen kennen nur Einheimische): Unterhalb der Uferstraße ein längerer Abschnitt öffentlicher unmöblierter Strand mit ein paar Bäumen auf leicht abschüssiger Wiese (vom Albergo Belvedere aus noch gut zu Fuß erreichbar, kleine Parkbucht an der Straße).

Die lockere Villenbebauung mit einzelnen stattlichen Jugendstilhäusern erinnert daran, daß Angera bereits Anfang des 19. Jahrhunderts ein gefragtes Ausflugsziel für Milanesi war – seit 1914 besteht eine Zugverbindung mit Varese. An der Straße von Angera nach Ranco thront über dem See z.B. die *Villa Virginia* (Haus Nr. 93), das Ferienhaus von Ernesto Pirovano (1866-1934), einem lombardischen Jugendstilarchitekten. Erhalten aus der frühen Touristenphase auch die *Villa Bordoni* (1905) an der zentralen Piazza Garibaldi (Nr. 18) im Zentrum von Angera. Schon vor dem eigentlichen Zentrum und der Seepromenade von Angera eine weitere lohnende Adresse:

Mit Bootssteg und Sommerterrasse – Lido, Angera

Hotel LIDO – Angera. Ein inhabergeführtes Haus in erster Lage an der Seefront, als Extra ein besonderer Garten: die terrassierte Liegewiese reicht bis runter zur Kaimauer am See, davor ein schmaler Kiesstrand und der hoteleigene Bootssteg. Alte Bäume geben dichten Schatten, es hat stille Winkel zum Lesen und eine lange Balustrade zum Rausträumen bei Sonnenuntergang. Praktisch alle Zimmer gehen zur Seeseite, die im Erdgeschoß haben Terrasse, andere im ersten und zweiten Stock einen schmalen, aber reizvollen Balkonabsatz und Traumblick. Von dort oben wird auch Blaire Pascals Hinweis sinnig, der im Hotelprospekt zitiert wird: „Alles Unglück der Männer kommt, weil sie nicht in einem ruhigen Raum allein sein können."

Die erstklassige Lage des Lido kontrastiert ein wenig mit dem legeren Geschehen im Haus, oder sagen wir so: Die Inhaber sind sich der Vorteile ihrer Lage durchaus bewußt, man macht, was man kann, aber selten mehr. Der traumhafte Garten zum See kommt jedenfalls erst Mitte Sommer in Schwung. Das Restaurant mit großer Glasfront und

Stattliche Promenade, lange Abendsonne – Angera

Panoramaterrasse wird am Wochenende gern für Gesellschaften und Anlässe genutzt, wäre aber auch für ein stilles Abendessen zu zweit ein Platz. Die Küche ist teils bemüht, partiell erwartbar, teils auch nur gewollt („sushi del Lago"). Die Atmosphäre im Haus wirkt so italienisch, wie das karge Frühstück. In erster Linie wegen der solitären Lage eine gute Wahl.

Hotel Lido, I-21021 Angera, Viale Libertà, 11. Tel. 0039-0331-93 02 32/93 06 56, Fax 0331-93 20 44, www.hotellido.it, Preise: mittelgehoben. Ganzjährig geöffnet, Restaurant-RT: Mo.

Angera – zu Füßen der Burgfestung La Rocca lockt die fast kilometerlange, überwiegend nach Süden exponierte Seepromenade: eine fulminante Linden- und Kastanienallee,

die rund um die zentrale Piazza Garibaldi gut mit Straßencafés bestückt ist und am Wochenende zur Promeniermeile wird. Außerhalb der Saison aber auch hier, wie so oft an der südlichen Ostküste, angenehm-unaufgeregter Binnentourismus und wenig von der herausgeputzten Idylle weiter im Norden. Die Seefront Angeras wäre auch wegen des warmen Klimas und der geschützten Lage ideal für ein paar ruhige Stunden im Café am Lungolago, auf eine Pizza oder einen Sundowner direkt am Wasser. Angenehm, daß der soziale Takt hier nicht nur vom Tourismus bestimmt wird. Man fühlt sich in Italien und nicht wie auf einer Italien-Ausstellung.

Die schönsten Strand- und Badeabschnitte erschließt die Nebenstraße aus Ranco kommend, noch bevor man den eigentlichen Ortskern erreicht (südlich vom *Hotel Lido Angera*, längs der

Flotter Service über die Gass' – Pizzeria Damino in Angera

markanten Lindenallee).

→ **Sundowner am Wasser:** Am Ortsrand von Angera wartet auch die beliebte Strandbar *La Noce*, deren Betrieb je nach Saison und Tageszeit zwischen lässigem Hangout und Bunga bunga pendelt. Für uns reifere Semester eine ♠ Seebühne, mehr zum Zugucken oder auf den See schauen, für die Generation Ragazzi & Ragazze eine obligatorische Station in besonderer Lage.

→ **Pizzeria Damino**: Wenige Meter auf der Küstenstraße ortseinwärts, an der Viale Piedro Martiere Nr. 34 dann eine Pizzeria, exakter: die Pizzeria an der Uferpromenade, serviert wir im Haus, aber auch gegenüber auf der Promenade, ♠ von der Terrasse dort wunderbarer Blick auf den See und die Westküste um Arona. Speziell abends zum Sonnenuntergang brummt es hier wie im Bienenkorb. Dank Zebrastreifen meistern die Mädels den Service über die Viale mit bemerkenswerter Gelassenheit, es gibt vernünftige Pizza in allen Variationen, auch ein paar Pastastandards, alles schmucklos aber durchaus genügend. Einmal mehr erweist sich auch hier die Pizzeria als ein robustes, gastronomisches Institut für alle Fälle. Mittags und Abends geöffnet, günstige Preise, Tel: 0331-93 04 98.

→ **Eine sehr gute Holzofenpizza** wird im Restaurant des Hotels *Pavone* serviert (ab Lungolago/Piazza Garibaldi ausgeschildert): Ristorante *Vecchia Angera*, zentral gelegen in der schmalen Via F.

Angenehme Enoteca con Cucina – Nettare di Giuggiole, Angera

Borromeo zur Altstadt, Nr. 14; Tel. 0039-0331-93 02 24, www.hotel-pavone.it. ♠ kleine Innehof-Terrasse (deren Lage mit jener auf der Seite gegenüber nicht mithalten kann). Auch das Hotel wäre eine Option, die Lage freilich im Ortskern.

Enoteca con Cucina NETTARE DI GIUGGIOLE. Ein unkomplizierter Treffpunkt im alten Angera, versteckt in einer rückwärtigen Gasse, die parallel zur Küstenpromenade am Lungolago verläuft. Das Betriebsmodell Enoteca con Cucina ist ja öfters eine ausgesprochen sympathische Einrichtung und diese hier ist keine Ausnahme: Parterre die Bar mit Caffeteria und Enoteca, im ersten Stock unterm Ziegelgewölbe ein kleiner, gemütlicher Speiseraum. Wie der Name schon andeutet, wartet hier ein multifunktionaler Platz, das mögliche Spektrum reicht vom schnellen Café am Vormittag über ein Glas Wein mit ein paar Kleinigkeiten an der Bar bis zum kompletten, ausgezeichneten Abendmahl. Auffallend große Weinauswahl zu günstigen Preisen, kompakte Trattoriakarte, die frisch und zuverlässig

Familiäres Stüble – Nettare di Giuggiole, Angera

realisiert wird, freundlich-familiäre Stimmung, Fazit: einfach mal reinschmecken.

Nettare di Giuggiole, Via Maria Greppi 41 (zentral in der Altstadt hinterm Lungolago an der Piazza Garibaldi), I-21021 Angera. Tel. 0039-0331-93 20 37. Mo bis Fr 9-13 und 15-19 Uhr, Sa 9-13 Uhr.

Osteria Melograno – Angera: Ambitioniert und modern wirkt die Osteria Melograno in der schmalen Cavour-Gasse, die von der zentralen Piazza Garibaldi hoch in die Altstadt führt. Zwei engagierte, ausgesprochen gastfreundliche, noch recht junge Gastronomen präsentieren hier das grundsätzlich interessante Konzept einer strikt qualitätsbewußten Osteria: dazu gehören ausgesuchte Regional- und Bioprodukte, gute Weine und eine klassisch angelegte, saisonale Osteriakarte, die jeden Monat wechselt. Darauf jeweils eine handvoll Antipasti zu 10 bis 15 Euro, etwa: geröstete Polenta mit Steinpilzen und Lardo, Primi (ebenfalls 10 bis 15 Euro, wie Kürbisgnocchi in Nußbutter), Secondi (15 bis 20 Euro, etwa: Tagliata vom Black Angus Rind); natürlich auch Käse

Cool Osteria – Melograno, Angera

und Dolce. Programm und kulinarische Haltung im Hause wirken zunächst selten anregend und dem Gast zugetan. Allein die Realisierung war bei unserem letzten Besuch nicht mehr als ordentlich, das betont coole Ambiente mit blanken Steinböden und demonstrativer Bruchsteinoptik wirkt ohnehin etwas anstrengend und der doch recht forcierte Gesamtpreis paßte nicht so recht zur eher gewöhnlichen Veranstaltung. Vielleicht ein Einmalerlebnis, was angesichts des erkennbar engagierten Konzeptes zu wünschen wäre. Allemal einen Versucht wert.

Osteria Melograno, I-21021 Angera, Via Cavour 13, Tel. 0039-0331-96 04 31, www.osteriamelograno.it (unterschiedliche Öffnungszeiten je nach Saison, RT: Di). ♠ Freiterrasse im Innenhof.

- **Alimentari Gastronomia F.LLI DEL TORCHIO.** Die rote Schinkenschneidemaschine sorgt schon mal für Vertrauen und die Feinkostauswahl enttäuscht nicht, außerdem gibt es täglich ein Pastagericht zum Fixpreis – eine Auswahl aus sechs Primi, sechs Secondi und Beilagen, Brot und Mineralwasser inklusive. Keine schlechte Lösung für Passanten, die in der Altstadtgasse Via Maria Greppi (Nr. 67) unterwegs sind.

Palast und Agriturismo – La Rocca, Angera

■ **Do-Markt** auf der Piazza Garibaldi und längs der Seepromenade: viele ambulante Händler mit Kleiderangebot, Wurst- und Käsestände am Ende der Promenade.

Grünes Angera – Agriturismo und Landpartie: Zu den touristischen Hauptattraktionen Angeras zählt die markante Palast-Festung *Rocca di Angera* - mit einer Dauerausstellung zum Thema Puppen, Spielzeug und Kinderkleider sowie seit kurzem eine Sammlung von Spielautomaten.Auf dem großen Parkplatz vor dem Kassenhäuschen laufen die ersten Busse schon am Vormittag ein, Eintritt, Führungen. Bereits an der Auffahrt zur Festung La Rocca auch der Abzweig zu einem nur wenige Meter entfernten Agriturismo:

- La Rocca, beide Ausstellungen sind von Mitte März bis Ende Oktober täglich geöffnet von 9 bis 17.30 Uhr.

Azienda Agricola LA ROCCA – Angera. Auf halber Höhe zwischen Wiesen und Ortsrand gelegen ein vergleichsweise kleiner Agriturismo. Der Familienbetrieb hat auch nichts von der bisweilen rummeligen Stimmung größerer Gutsgasthöfe. Es wartet eine angenehme Landschänke, die schon am Vormittag von verheißungsvollem Küchenduft umschlichen wird. Hier wird in der Tat gekocht, dabei bleiben die Vorschläge auf der Tafel überschaubar, allerdings wird erfreulich flexibel serviert. Man wird hier nämlich nicht – wie oft in Agriturismi – auf ein festes Menü verpflichtet, sondern es bleibt die Wahl zwischen Vorspeisen (ein Teil davon wird als Buffet im Gastraum präsentiert), drei Pastagängen und ebensovielen Hauptgerichten (etwa der eigener Hahn aus dem Ofen, bestens!). Die Küche ist aufrichtig rustikal wie der offene Rote, die Portionen sind so üppig, daß man ans Teilen denken sollte. Auch so kann ein Essen Spaß machen – gerade so.

Agriturismo Azienda Agricola La Rocca, Via Rocca Castello (an der Auffahrt zur Burg Rocca), Tel. 0039-0331-930338. Mittags und abends geöffnet, RT: Mi. Preise: günstig.

Von Angera führen nicht unbedingt alle Wege in den landeinwärts versteckten Ortsteil **Capronno**, aber so ein Abstecher raus auf's Land lohnt sich. Nebenstraßen führen durch saftig, grünes Acker- und Weideland mit wenig Binnenverkehr. Nichts erinnert hier an den lebhaften Touristenbetrieb direkt am See. Die *Osteria Vecchia Capronno* liegt wie eine exemplarische Landpartie im gleichnamigen kleinen Dorf, das wiederum mitten zwischen Angera und dem Lago di Monate liegt.

VECCHIA CAPRONNO – Capronno di Angera. Das viel versprechende Motto heißt wieder einmal «Osteria con uso di Cucina» und das bedeutet hier: eine kleine Karte, zusätzlich Tages- und Saisonspezialitäten nach Ansage der freundlichen Wirtsleute. Die Atmosphäre im rustikal-engen Gastraum wirkt grundgemütlich. Es gibt gerade mal sechs, sieben Tische, an denen sorgt der Service für

Klare Aromen, gemütliche Stube – Vecchia Capronno bei Angera

Gastlichkeit auf avanciertem (nicht krampfigen) Niveau. Geboten wird eine gediegene Trattoriaküche, handwerklich sauber umgesetzt. Kein dekoratives Getüpfel, sondern klare Aromen, besonders bei der Hausspezialität, den guten Fleischgerichten. Dazu Salat und Kräuter aus Mutter's Garten nebenan, der im übrigen auch einen Blick wert ist. Der Gast wird hier nicht mit geschäumten Süppchen verhöhnt, Zutaten werden da, wo sie hingehören, gekonnt eingesetzt, z.B. Salbei unter Ziegenkäse – so einfach kann gute Küche sein.

Der Juniorchef, selbst Sommelier, verzichtet bei der Weinauswahl auf große Namen, geboten werden Eigenentdekkungen zu fairen Preisen (Verkauf auch an Selbstabholer). Die stimmige Atmosphäre im alten Gastraum mit seiner niederen Ziegel-Gewölbedecke lockt speziell auch bei kaltem Wetter zu einer längeren Sitzung, im Sommer wäre die gedeckte Grillterrasse draußen ein Platz im Grünen, der auch viele Einheimische anzieht. Also einfach mal hinfah-

Ruhe nach der Einkehr: Gästehaus La Casetta, Capronno di Angera

ren, einkehren und sich abtreiben lassen. Wer nach der Tafel bleiben möchte, findet gegenüber im geschmackvoll möblierten Gästehaus *La Casetta* einen Platz, besonders die luftigen Zimmer im ersten Stock mit Veranda sind eine Freude.

Osteria Vecchia Capronno, I-21021 Capronno di Angera (ca. 3 km östl. Angera), Tel. 0039-0331-957313, RT: Mo, Sonn- und Feiertage ab 10 Uhr, sonst ab 18 Uhr. ♠ reizende Terrasse, Preise: moderat-gehoben.

LA CASETTA – Direkt gegenüber in gepflegter Landhausmanier das zur Osteria gehörende Gästehaus: La Casetta mit schlicht-schön eingerichteten Zimmern: Terracottaböden und warmen Farben, geschmackvolle Doppelzimmer ab 80 Euro – je nach Größe und Saison. Tel. 0039-0331-956951, www.locandalacasetta.it

Der Blick: Monte Rosa von Taino aus gesehen

In den Hügeln oberhalb Angera liegt das Dorf **Taino** (263 m) – zum Ziel wird der Ort bei klarem Wetter wegen seines überwältigenden Monte-Rosa-Blicks. Am schönsten vom *Parco di Taino* aus, der eigens für Panoramaspaziergänger angelegt wurde. Außerdem liegt am Rande der Altstadt ein solider Albergo mit ebensolcher Küche:

Albergo Agnello, Via Garibaldi, 22, I-21020 Taino (Va). Unlängst renovierter Treffpunkt für Handwerker und Geschäftsleute direkt im Ortskern, gemütliche Osteria-Stimmung auch innen, ♠ Terrasse zum großen Innenhof, Gästezimmer. www.albergoagnello.com, Tel. 0039-0331-95 65 02, Preise: mittel.

Gehobene Fischküche – La Vela in Lisanza bei Sesto Calende

Von Angera nach Süden: Zwischen Angera und *Sesto Calende* verläuft die Küstenroute landeinwärts und reizlos: Vororte, Lagerhallen und Einkaufsmärkte im Wechsel, der Verkehr nimmt zu, die Romantik ab. Nur wenige hundert Meter abseits der Nationalstraße kommt es aber wieder mal ganz anders: Der kleine Weiler Lisanza hat im Gassenkern durchaus Atmosphäre, ein paar alte Villen liegen über dem ganz ordentlichen Strand, dazu kommt eines der besten Fischrestaurants am Lago Maggiore. Ein Halt in *Lisanza di Sesto Calende* lohnt also. Mitten im alten Ortskern besagtes Restaurant, das auch von der Nähe zu Mailand und Varese profitiert.

Ristorante LA VELA – Lisanza di Sesto Calende. Gepflegtes Restaurant mit feiner Fischküche, abends wird eher repräsentativ getafelt, über mittag gibt es aber auch zwei kleinere, preiswerte Lunchmenüs, die sich ideal als kulinarische Eskapade eignen. Die Karte überzeugt mit klarem Programm: kein Dings an Bums, sondern einfach

Frische Fische ohne weitere Umstände – La Vela, Lisanza

i pescati di mare crudi (rohe Meeresfische) / *filetto di spigola al vapore* (gedünstetes Seebarschfilet) / *tonno al pepe nero* (Thunfisch mit schwarzem Pfeffer) etc. Der Fisch trägt keinen Kräutermantel, es gibt keine Brokkoliröschen, statt Sahne kommt feines Olivenöl bei die Fische, kurz: produktnahe Küche ohne Umstände. Lange weiße Tischwäsche, Weinkühler auf hohem Fuß, das Klickern der Vongole und das Kichern der Gesellschaft am Nebentisch vermischen sich und man bekommt unweigerlich den Eindruck, daß hier Profis am Werk sind, was für Küche, Service und Gäste gilt. Mittags stehen besagte fair gepreiste Menus zur Wahl, abends wird dann à la carte und teurer serviert. (Wer auf keinen Gang verzichten möchte: man kann sich die Portionen – gegen geringen Aufschlag – auch teilen lassen). Im Innenhof eine beschattete Sommerterrasse.

Rist. La Vela, Piazza Colombo, 1, I-21018 Lisanza di Sesto Calende (von der N 629 ausgeschildert), Tel. 0039-0331-974.000, eleganter Innenraum. ♠ Sommerterrasse im Hof. Preise: Gehoben, mittags auch kleinere Tagesmenüs. Mo geschlossen.

Badestrand, Lesestrand, Siestaplatz – bei Lisanza

Vor dem Essen, nach dem Essen: Wie praktisch, vom kleinen Dorfkern mit dem Restaurant *La Vela* und der *Bar* gleich nebenan führt eine schmale schattige Stichstraße runter zum See. Somit kein Durchgangsverkehr, kein Rummel, sondern ein kleiner Bade- und Liegeplatz der gepflegteren Art. Die *spiaggia pubblica* von Lisanza ist eine Mischung aus Liegewiese, Lesewiese und Strandbad; im Sommer hat zusätzlich ein kleiner Kiosk geöffnet. Mit Glück kommt ein fast unwirklich naher Monte-Rosa-Blick dazu (den es sonst nur von Taino, vgl. vorige Seite). Gleich wie, hier wäre jedenfalls ein perfekter Platz für die Siesta nach einer Partie im La Vela.

Im kulinarischen Dreieck von Sesto Calende

Sesto Calende: In Sesto Calende wird der See zum Fluß und von der beschwingten Küstenstimmung um Angera bleibt am Südzipfel des Lago Maggiore auf den ersten Blick nicht mehr viel übrig. Aber Sesto hat eine ansprechende Promenade am Ticino entlang – man blickt vom Lombardischen aufs Piemonteser Ufer – auch die unmittelbar anschließende Altstadt ist mit Läden und stimmigen Einkehren gut bestückt, für einen Stadtausflug reicht das allemal.

Nur das Umland, speziell die Querverbindung nach Arona, ist keine Zier. Hier dominiert jene berüchtigt-monotone Siedlungsstruktur, wie sie für die Vorstädte in der Poebene typisch ist. Vorstadtbrei und Industriereste, Factory-Outlets, Möbelhäuser und Supermärkte, *Pizza a metri*. Armes Italien, adieu Lago Maggiore. Unten rum wirkt der Lago Maggiore ziemlich verlottert.

Die gute Nachricht: Sesto Calende ist innen viel schöner als außenrum. Zudem warten interessante Einkaufsadressen, etwa der Fabrikverkauf der Nobelmarke Loro Piano, nur ein paar Ausfahrten auf der A 26 entfernt (s. u.).

Piccola cucina – aber was heißt schon kleine Küche?

Die Empfehlung für eine Runde Sesto Calende ist schnell gegeben: An einem gewöhnlichen Wochentag, vielleicht am Markttag Mittwochvormittag, herkommen. Am großen Verteiler, gleich am Beginn der Altstadt parken und auf der Ticino-Uferpromenade *Viale Italia* in Richtung altes Zentrum schlendern. Schon nach ein paarhundert Metern, zwischen den Quergassen Ruga del Molo und Ruga del Rivetta, geht es hoch in einen verkehrsfreien Kleinstadtkern mit erstaunlich reizvollen Plätzen und Osterien, Cafés und Fachgeschäften. Eine gut sortierte Formaggeria gibt es ebenso wie die Pescheria Zamperini mit ihrem Seefischangebot. Am Mittwochsmarkt geht es in den Einkehrgassen rund um die kleine *Piazza Cesare Abba* einen ganzen Schlag italienischer zu, als weiter oben am See. Die Trattorien an der Gasse zum alten Hafen versprechen piccola Cucina. Aber was heißt schon kleine Küche, es gibt dort Antipasti del Lago, einen Stufato del Giorno oder Risotto con Ossobucco. Man ist in Italien – Gründe genug für Sesto Calende.

22 ▸ Varese, Area pedonale

Allein über das Marmorpflaster in Vareses Fußgängerzone könnte man eine kleine Abhandlung verfassen. Wobei das deutsche Rumpelwort «Fußgängerzone» schon die erste Beleidigung für Vareses verkehrsfreies Altstadtviertel wäre. Und zur Vielfalt der Schnittchen im Café *Zamberletti* ließe sich auch einiges bemerken, wobei Schnittchen für die mundgerechten Tramezzini, die hier jeden Vormittag auf den polierten Tresen der Cafés stehen, auch nicht das passende Wort ist. Die Varesotti lieben es elegant, heißt es jedenfalls in der einschlägigen Heimatliteratur. Wer die weit ausgreifenden Allerweltsviertel am Stadtrand ausblendet, wird das Vorurteil bestätigen.

Schon vor hundert Jahren entwickelte das aufstrebende Bürgertum des Industrie- und Textilgürtels um Varese einen ausgeprägten Repräsentationswillen. Fabrikanten und Händler bauten ihre Villen in die grünen Hügel um Varese,

Varese, das elegante Handelszentrum zwischen den Seen

die ornamentale Lust des Jugendstils kam hier nach 1900 zu einer besonders reichen Blüte: Liberty Varesino ist ein demonstratives Schwelgen in fließenden Formen, das künstlerisch gestaltete Ornament wurde zum Statusabzeichen. Im historischen Stadtzentrum entstanden standesgemäße Laufstege und die Warenwelt unter den Arkaden der – Entschuldigung – Fußgängerzone ist bis heute beachtlich.

Am zentralen *Corso Matteotti* gibt es so ziemlich alle Artikel des täglichen Bedarfs höherer Stände, vom lang gereiften San Daniele bis zum mehrfädigen Kaschmirteil, Hermès darf im üblichen Reigen der Labelboutiquen nicht fehlen. Aber die Konsumartikel sind nur die eine Seite. Die Innenstadt hat ein überschaubares Maß und einen humanen Takt, somit wäre Varese selbst im Hochsommer ein ideales Tagesziel, bei Regen sowieso. Man könnte zum Elf-Uhr-Läuten einen zweiten Café und ein paar Häppchen in einem der

Caféhaustradition am Corso Matteotti in Varese

prächtigen Traditionscafés am Corso Matteotti nehmen. Cafés mit raumlangen Tresen aus poliertem rotem Granit, auf Spitzendeckchen stehen in langer Reihe die Platten mit den Schinkenschnittchen, es gibt dreierlei Oliven, die süßen Teile ruhen auf Säulenétagèren, der Espresso läuft wie träges Sirup aus den Siebträgern. Ja, so ist das in Varese. Jeden Vormittag. Eine dieser Caféinstitutionen verfügt noch über eine etwas patinierte «Sala superiore», im ersten Stock treffen sich Damen mit Dauerwellen zur Besprechung der allgemeinen Lebenslage. Kein i-Pad nirgends.

Nach einem Café-Intermezzo könnte man sich der Eigendynamik der Gassen überlassen, eine gute Innenstadt hat ja ein Strömungsverhalten, das einen einfach mitnimmt. In Varese führen die Wege vielleicht auch zu einem der beiden Feinkostläden, die sowohl am oberen wie am unteren Ende des Corso Mateotti platziert sind. Der nostalgischere am oberen Ende des Corso heißt «Eden Gastronomico», kapitale Schinkenkeulen ruhen dort auf dicken Marmorplatten. Aber

Wandmotive im Café Zamberletti am Corso Matteotti

man erwirbt in solchen Geschäften nicht nur Lebensmittel, sondern versichert sich auch einer gewissen Haltung. Eine Dame, die erkennbar nicht zum erstenmal hier einkauft, erörtert mit dem Verkäufer die angemessene Zahl der Ravioli je Gast. Es entwickelt sich ein längeres Gespräch, obwohl beide natürlich genau wissen, wieviele es am Ende sein werden.

Über Mittag wäre es vielleicht Zeit für eine Trattoria-Legende wie das *Bologna* in der Via Broggi, kleine Terrasse auf der Via, drinnen ein behaglicher Raum mit Vierertischen, Radsportdevotionalien, flinken (nicht hektischen) Kellnern und Gästen, die Zeit zum Mittagsessen haben. Nach den hier besonders üppigen Afettati misti geht vielleicht noch ein Risotto mit rotem Radicchio, oder Papardelle mit Ragú.

Oder man folgt einer Pizza-Empfehlung von Einheimischen und landet in der lebhaften Pizzeria *La Piedigrotta* (nahe beim Corso Matteotti). Die Pizzeria (seit 1974) gilt als Institution in Varese, gut unterrichteten Kreisen zufol-

ge wird nur dort «La Vera Pizza Napoletana» gepflegt. Die Pizza aus dem Holzofen wird denn auch mit vorzüglicher, frischer Büffelmozarella zubereitet (es gibt sogar einzelne Varianten mit Burrata), auch das Olivenöl und andere Zutaten sind von hoher Qualität. Der funktional-schmucklose Laden brummt jeden Tag, die Weinkarte ist ellenlang, es gibt -zig Biersorten, flotter bis sehr flotter Service; schade nur, daß die Atmosphäre mittags etwas in Richtung zack, zack geht. Für Pizza gibt es kaum eine bessere Adresse in der zentralen Altstadt.

Aber auch Varese geht mit der Zeit: Die Pause in den Büros dauert oft nur noch eine Stunde, es muß schnell gehen, viele Angestellte essen ohnehin was Einfaches aus der Hand. Die Jüngeren sitzen mit einem Snack oder einem Panini to go auf der Straße, der bunte Salatteller ist jetzt auch in Oberitaliens Fußgängerzonen angekommen. Und wie anderswo auch, fließt die Kaufkraft in die bunten Schachteln am Stadtrand: unter den Arkaden des einst so noblen Corsos Matteotti haben sich internationale Filialen und die ersten Billigläden eingenistet, manches obere Stockwerk wird nicht mehr renoviert. Da und dort wird es nicht mehr lange dauern, bis die polierten Messingbeschläge an den massiven Landentüren verschwinden.

Der letzte Absatz liest sich vielleicht etwas wehmütig, aber eigentlich sind dies alles Gründe, um möglichst bald eine Runde Varese einzulegen.

Albergo-Trattoria Bologna, I-21100 Varese, Via Broggi 7 (am nördlichen Rand der Fußgängerzone), ♠ Terrasse zur verkehrsfreien Via Broggi. Tel. 0332-232100, 234362, RT: Sa und jeden 3. Sonntag im Monat. preiswerte Gästezimmer, www.albergobologna.it

Pizzeria La Piedigrotta, Via Gian Domenico Romagnosi 9, I-21100 Varese, (zentral in der Altstadt), von 12 bis 14.30 und 19 bis 23.30. ♠ Kleine Sommerterrasse zum zentralen Corso Matteoti, RT: Mi und So mittags (möglichst reservieren). Tel. 0332-287983.

23 ▸ Eine kleine Kaschmirreise

Fabrikverkauf im Piemonteser Kaschmir-Dreieck um Biella ist eigentlich ein eigener Reisegrund: gediegene *Punti vendita* statt aufgewühlter Lagerhallen, da und dort parkähnliche Zufahrten und im Frühling ist ohnehin schwer zu entscheiden, ob die Verkaufsstellen oder die Rhododendrenblüte in den Parks der ehemaligen Firmenpatrons die größere Attraktion sind.

Ein halbes Dutzend Firmen dominiert Italiens Markt für hochwertige Kaschmirprodukte, drei davon sitzen im südlichen Valsesia, um *Trivero* und *Biella.* Hier entstand um die Namen PIANA, ZEGNA und COLOMBO eines der großen Kaschmir-Verarbeitungszentren weltweit: Ermenegildo Zegnas Sakkos oder Loro Pianas Kaschmir-Stricksachen sind beim Herren- oder Damenausstatter ein Begriff, nur die Preise wirken bisweilen prohibitiv. Ein Ausweg: namhafte Hersteller haben speziell in der *Valsesia*-Region Fabrikläden *(Punti vendita)* – auch dort ist es nie billig, aber manchmal preiswert!

- **Öffnungszeiten der Fabrikläden (punti vendita):** die größeren haben ganzjährig die ganze Woche über geöffnet, auch sonntags; die kleineren Geschäfte sind montagmorgens in der Regel geschlossen. Betriebsferien meist im August.
- **Soldi**: Besonders günstige Schlußverkaufszeiten (nochmal bis 50 % und mehr auf die reduzierte Ware) jeweils im Frühjahr/Sommer und Winter. Unterschiedliche Termine je nach Firma. Genaue Termine telefonisch oder im Netz nachfragen.
- **Konfektionsgrößen**: Damen ital. 42 entspricht etwa deutsch 38 – zur Sicherheit immer anprobieren!

Nahe der Autobahn A26 (Gravellona Toce am Westufer des Lago Maggiore Richtung Alessandria), Ausfahrt Romagnano Sesia, ca. 30 km südlich Arona:

Loro Piana, Romagnao Sesia

Fabrik-Verkaufsstellen im Sesia-Tal

LORO PIANA – Romagnano Sesia. Von Arona am Lago sind es nur drei Autobahnausfahrten auf der A26 in Richtung Turin. Im fabrikhallengroßen Flachbau von LORO PIANA wartet ein breites Angebot, nicht nur Kaschmirsachen, auch Mäntel, Anzüge, luxuriöse Sport- und Freizeitkleidung, sowie Schuhe und Taschen für Damen, Herren und Kinder, außerdem eine große Auswahl an Schals, Plaids und anderes Zubehör. Neben Kaschmirgarn wird auch feine Merinowolle von neuseeländischen und tasmanischen Schafen verarbeitet *(Zelander, Tasmanian)*. Die meisten Artikel sind hochwertig und entsprechend teuer. Während der speziellen Soldi-Phase im Sommer und im Winter (meist Ende Juni und im Januar/Februar) gibt es aber Nachlässe von bis zu 70 Prozent (Termine tel. erfragen).

Die Präsentation wirkt übersichtlich und edel wie das Produkt: Herren links vom Eingang, Damen rechts, in der Mitte die Kasse, dahinter jede Menge Aufbewahrungsfächer

für die Beute der Einkaufssafari. Das hilfsbereite Personal streicht nicht nur Pullover glatt und telefoniert gelangweilt, man bekommt auch fachkundige Beratung, oft sogar auf Englisch!

Bei Ermattung: hinten links wartet eine kleine Espresso-Bar mit Clubsesseln, dahinter dann eine exklusive Boutique mit aktueller (nicht reduzierter) Ware. Obwohl die Preisstellung hier etwas abschreckend wirkt, ein reizender Platz zum Beobachten und Träumen.

Die Produktion von Strickwaren begann bei Loro Piana übrigens schon zu Anfang des 19. Jahrhunderts – wie Ermenegildo Zegna (s.u.) in *Trivero*, dem norditalienischen Zentrum der Textilindustrie – heute gehören zu Loro Piana fast 100 Läden weltweit.

Loro Piana, Via per Novara 484, I-28078 Romagnano Sesia. Anfahrt: Autobahn A26 (Mailand-Turin), Ausfahrt Romagnano Sesia, gleich nach der Ausfahrt rechts gut sichtbar die einstöckige dunkelbraune Verkaufshalle von Loro Piana. Tel. 0039-0163-826875, ausgesprochen animierende homepage: www.loropiana.it. Täglich 10 bis 19 Uhr durchgehend. Anche domenica.

Nicht weit von Loro Piana, ebenfalls direkt an der Straße Novara - Romagnano Sesia (Via Novara 263) nur auf der anderen Seite der Straße, wäre noch eine altbewährte Kaschmir-Adresse:

LUIGI COLOMBO – Romagnano Sesia. Seit über 30 Jahren verarbeitet die *Lanificio Luigi Colombo* Kaschmir, Angorawolle, Mohair und Kamelhaargarne zu edlem Tuch, darunter Damen- und Herren-Strickwaren aus reinem Kaschmir und Seide, Jacken, Mäntel, Hosen, Kostüme und Röcke. Außerdem ein gut sortiertes Angebot an Herrenhemden und Accessoires wie Schals, Decken, Handschuhe und die angenehmen traditionellen Hausschuhe (Scuffoni) aus dem Sesiatal.

Der gut 1.000 qm große Laden wirkt neben dem noblen Outlet von Loro Piana etwas einfacher gestrickt, ebenso einzelne Preise. Aber auch hier gilt: Fabrikverkaufspreise außerhalb der Schlußverkaufszeiten sind zwar günstiger als im Laden, Schnäppchen-Preise gibt es dennoch nicht, aber auch keinen Ramsch. Reinschauen lohnt allein schon, weil der Laden nicht weit von Loro Piana entfernt liegt (am Kaschmirziegen-Logo leicht zu erkennen.)

Lanificio Luigi Colombo, Via Novara 263, I-28078 Romagnano Sesia. Nach der Autobahnausfahrt links, nach ca. 300 Meter auf der rechten Straßenseite. Tel. 0039-0163-842017. www.lanificiocolombo.it. Öffnungszeiten 9 bis 19 Uhr, montags ab 14.30 Uhr.

❤ **Berkel** – Zwischen den beiden oben genannten Kaschmir-Adressen liegt auch das Geschäft von Renato und Luigi Carola an der Via Novara 365: eine stolze Reihe historischer Berkel-Schneidemaschinen (mit Fuß) steht hier immer im Schaufenster. Innen dann weitere technische Trouvaillen aus dem letzten Jahrhundert: darunter historische Vespa-Modelle oder eine uralte Lambretta – aber bitte: non toccare! Renato zeigt seine Schätze gerne. Die Geschichte zur legendären Berkel-Schneidemaschine steht auf S. 327 ff.

Im Tal der Weber und Stricker – Industriearchitektur im Sesia Tal

Ausflug zum historischen Firmensitz der beiden Gründerfamilien ZEGNA und PIACENZA – Eine Tagestour, gleich interessant für Parkfreunde, Industriearchäologen und Nostalgiker: Die Fahrt führt über Landstraßen von *Borgosesia* über Crevacuore, Pray und Coggiola nach Trivero und Pollone. Textilverarbeitung gibt es in der Region bereits seit dem 17. Jahrhundert, entlang der Strecke sind noch etliche der alte Fabrikgebäude, Bewässerungskanäle zur Energiegewinnung, sowie Reste der ehemaligen Textilarbeiter-Unterkünfte erhalten.

Trivero, der historische Firmensitz von ERMENEGILDO ZEGNA liegt auf 739 Meter in den *Alpi Biellesi* (26 km nordöstlich Biella); im benachbarten kleinen Ort **Pollone** (6 km nordwestlich von Biella) dann das Stammhaus von PIACENZA. Beide Gründer-Familien hatten ein Faible für die Schönheit der gestalteten Natur: nahe ihrer Textilschlösser ließen sie Landschaftsparks im englischen Stil anlegen: so auch den *Parco Burcina* und die *Panoramica Zegna*.

Zegna Stammsitz in Trivero

ERMENEGILDO ZEGNA – Trivero (739 m). Zegna ist traditionell Herrenausstatter, erst 1999 kam eine Damenkollektion, die Luxusmarke Agnona dazu. Im Outlet Trivero wird aber nach wie vor nur Herrenkonfektion geboten – bis auf eine kleine Pulloverauswahl für Damen hinten rechts. Für einschlägig interessierte Damen bleibt ansonsten nur der Agnona-Verkauf im Stammhaus in Agnona oder jener im neuen Edel-Outlet an der Strada Trossi, siehe oben.

Der Punto vendita E. Zegna liegt gleich oberhalb der alten Firmengebäude (ausgeschildert). Zegna beeindruckt zunächst mit ihrem etwas verwittertem Charme, wie ihn auch alte Wallfahrtsorte ausstrahlen. Für den Drink paßt dazu die nostalgische Bar des nahen Hotel *Monte Rubello* – manchmal stehen dort sogar ein paar Tische im Freien.

Aber zum Wesentlichen: Der elegante old style-Laden namens *Sadan* am Stammsitz Trivero führt die komplette Ermenegildo-Zegna-Linie. Ein Magazin mit Herrenausstatter-Stimmung, der Platz erinnert an jene charakterfesten Zeiten, als die Marke Zegna noch nicht so internationalisiert

Am Kern der Marke – bei Zegna in Trivero

war. Die Räumlichkeiten sind nicht so großflächig wie die bei Loro Piana oder Luigi Colombo, dafür imponiert seit Jahren die kundige Betreuung durch Stammpersonal. Am alten Stammsitz lebt noch etwas vom ehemaligen Markenkern Zegnas. Man bekommt Teile aus der Zeit, als es noch keine Flughafenboutiquen und Zweitlinien gab und nichts erinnert an jene Schnäppchen-Buden, in denen Geizhälse drängeln.

Im linken Laden Ware mit regulären Preisen, nach rechts führt ein Durchgang in die Abteilung mit reduzierter Ware, wobei Nachlaß und Angebotsbreite je nach Saison schwanken. Hier findet sich ein Angebot an Herren-Jacketts, Anzügen, Pullovern und Hemden. Schwer, ohne Beute rauszukommen. Alle Kreditkarten willkommen.

Punto Vendita Ermenegildo Zegna, Via Marconi, 44, I-13835 Trivero (BI), Ortsteil Lora. Tel. 0039-015-75 65 39. Die aktuelle Zegna- und Agnona-Kollektion: www.zegna.net (kein Wort zum Punto vendito in Trivero). Zeiten: 9.00/12.30 Uhr, 14.30/19.00 Uhr. Sonntag und Montagmorgen geschlossen. Ferien eine Woche Mitte August.

25 km Rhododendren, 27 Wanderwege – Panoramica Zegna

Panoramica Zegna. Die Schilder fallen schon lange vor dem Centro Zegna auf – die *Panoramica*, eine malerische 25 Kilometer lange Naturroute, wurde 1939 vom Grafen ERMENEGILDO ZEGNA erbaut, sie verläuft in den Berghängen oberhalb des Centros, durch Hortensien- und Rhododendren-Wälder. Ausgeschildert sind nicht weniger als 27 Wanderwege, von 10 Minuten bis 7 Stunden – eine ideale Frühsommertour, unvergeßlich während der Blütezeit im Mai.

→ Info zum Naturpark, Anfahrtskizze, Unterkünfte in der Umgebung, Mountainbike- und Wanderrouten etc.: www.oasizegna.it

PIACENZA Spa – Pollone/Biella. FRATELLI PIACENZA LANIFICIO produzieren seit 1733, Piacenza wird heute in der elften Generation geführt. Der Verkaufsladen liegt in einem langgestreckten einstöckigen Fabrikgebäude im Taleinschnitt. Grundsolide ist der Eindruck im Laden – keinerlei überflüssiges Dekor, fast schon liebenswert understylt die

Ruhiges Angebot an Klassikern – bei Piacenza in Pollone

Verkäufer(innen). Klassisches, ruhiges Angebot an Pullovern, Jacketts, Mänteln und Jacken für Damen und Herren (viel Kaschmir und Alpaca). Termine für Sonderverkäufe per Telefon erfragen.

F.lli Piacenza. Reg. Cisi, I-13814 Pollone (BI), etwa 6 km nordwestlich Biella. Öffnungszeiten: Mo 14-19 Uhr, Di-Sa 10-19 Uhr. Tel. 0039-015 6191.230, Fax 015.619.1734. www.piacenza1733.it; ab Biella den Schildern nach Pollone und Parco Burcina folgen.

Parco Burcina: Ähnlich wie die Zegnas in Trivero hatte die Familie Piacenza ein Faible für Natur. Von Messerreisen nach England brachten sie laufend neue Anregungen mit. So ließ GIOVANNI PIACENZA gegen Mitte des 19. Jahrhunderts im unteren Teil des Burcinaparks Nadelbaum-Gruppen pflanzen, mit Mammutbäumen und Zedern, Sohn Felice (1843-1938) erweiterte den Park, der seit 1934 zur Gemeinde Biella gehört, mittlerweile ist das Gelände auf 57 Hektar vergrößert, die über Höhenlagen von 600 bis 830 m reichen (also eher späte Rhododendrenblüte von Mai-Juni!). Der Park gilt heu-

Rhododendrenblüte (Ende Mai) im Parco Burcina, Pollone

te noch als Vorbild für moderne Gartengestaltung, Hauptattraktion sind die bis zu elf Meter hohen Rhododendren. Ihre Blüte im Mai korrespondiert leider nicht mit den Ausverkaufsphasen im Outlet. Der Park ist für Fußgänger immer offen, er kostet keinen Eintritt und wird von den Bewohnern der Umgebung in den Tagesablauf integriert – zum Joggen, für den Spaziergang, für den Familienausflug.

Hinkommen: Der Burcina Park oberhalb der Firma Piacenza ist gut ausgeschildert, großer Parkplatz. ♠ Im Park ein Café mit Terrasse und einfachem Speiseangebot. www.parcoburcina.piemonte.it

▪ **Für einen Besuch ratsam:** GPS oder eine gute Karte und etwas Geduld – Pollone und Trivero, das aus verwirrend vielen kleinen Fraktionen (insgesamt 34 Teilorte!) besteht, liegen in einem recht unübersichtlichen ländlichen Siedlungsgewirr.

Distinktionsware auf 1.500 Quadratmetern: The Place, Sandigliano

THE PLACE / Luxury Outlet – Sandigliano. Eine moderne Verkausfbox, längst nicht so stimmungsvoll wie der gediegene Laden im alten Firmensitz im entlegenen Bergdorf Trivero oder Pollone, dafür ist das moderne Outlet ungleich einfacher zu finden: «The Place» liegt südlich Biella, nicht weit von der Autobahn Mailand-Turin. An der geschäftigen «Outlet-Route», auch s*trada trossi* genannt, reihen sich die Fabrikverkaufsstellen im Dutzend. The Place entstand auf dem Gelände einer ehemaligen Weberei, hier wird auf immerhin 1.500 Quadratmetern Fläche Damen- und Herrenbekleidung angeboten, dazu Schuhe und Accessoires bekannter italienischer Labels, darunter: *Zegna, Agnona, Gucci, Sergio Rossi, La Perla, Bellora* (u.a. die beliebten Handtücher und Bademäntel in Waffelpiqué). Die Kollektionen vom vorigen Halbjahr gibt es jeweils mit einem Discount von 40 bis 70 Prozent. Aber auch hier ist nicht nur das Warenangebot von Interesse, sondern auch das kleine Sittenbild, das es an Outlets immer wieder gratis gibt.

The Place, Sandigliano

The Place – Luxury Outlet, Strada Trossi, I-13876 Sandigliano (BI). Anfahrt: Autobahn A4 (Mailand-Turin), Ausfahrt Carisio, dann Richtung Biella. Die zahlreichen „The place"-Plakate sind nicht zu übersehen. Outlet-Info: 0152/496 195, www.theplaceoutlet.com. Mit Kids place und Café. Täglich geöffnet (Mo 15-19 Uhr, Di bis So 10-19 Uhr).

Kunstschneidehandwerk

Italien ist Salami, Schinken- und Mortadellaland, aber das berühmteste Werkzeug zum Aufschnitt von Wurstwaren wurde in Holland erfunden. Der Rotterdamer Fleischermeister Wilhelmus Adrianus van Berkel konstruierte 1880 die erste Maschine zum präzisen, hauchdünnen Schnitt von Schinken und Wurst. Zuvor mußten sich Fleischer und Gastwirte auf scharfe Messer und eine ruhige Hand verlassen. Das Berkel-Patent bestand darin, einen beweglichen Schlitten zu konstruieren, der – wie das rotierende Messer – von einem mächtigen Handschwungrad angetrieben mit fein definierbarem Vortrieb gegen das Messer geführt wird. Schnitthaltigkeit, Robustheit und dekorative Gestaltung ließen die Berkel Schneidemaschinen bald zum Referenzmodell in ganz Europa werden. Schönheit und Funktionalität der Originale wurden trotz vieler Kopien nie erreicht.

Gerade im Schinkenparadies Italien gehörte eine dunkelrote oder schwarz-gold lackierte Berkel, mit einem Fuß aus zentnerschwerem Grauguß bald zur Ausstattung vieler besserer Salumerien.

Mit dem Aufkommen leicht zu reinigender elektrischen Schneidemaschinen verschwanden die mechanischen Kunstwerke dann nach und nach, oder sie verstaubten defekt in der Rumpelkammer eines Alimentari. Kenner und Freunde des dekorativen Aufschnitts haben die Berkel allerdings nie vergessen. Wer sich einmal in das geschmeidige Gleiten des Schlittens, die pure Mechanik des Kegelradantriebs, das Auf und Ab der Pleuelstange oder die kunstvoll integrierte Messer-Schleifeinrichtung verguckt hat, entdeckt in so einer bella Macchina mehr als ein Gerät zum Abschnei-

den von Wurst. Seit Jahren erleben mechanische Aufschnittmaschinen eine Renaissance, allen voran die Berkel. Selbst im sittenstrengen *Manufaktum*-Milieu werden einschlägige Nachbauten zu großzügigen Preisen (ab 2.800 Euro) mit Leidenschaft empfohlen.

Wie automobile Oldtimer werden die Aufschnitt-Veteranen mittlerweile gesucht, mehr oder auch minder fachkundig restauriert. Sie finden einen Ehrenplatz überall, wo das

Kulinarisches inszeniert, oder auch gepflegt wird. Wo eine BERKEL steht, da lass' dich ruhig nieder, stimmt zwar nicht immer, aber ziemlich oft. Auch rund um den Lago.

Carola: Eine stattliche Auswahl restaurierter historischer Berkel-Macchine bei: Renato und Luigi Carola, via Novara, 365, 28078 Romagnano Sesia (zwischen den Cashmere-Outlets von Loro Piana und Luigi Colombo (s. S. 318ff), Tel./Fax 0163-83 33 67. Bei Carola auch Verkauf moderner Schneidemaschinen, Kupfergeschirr, Haushalts- bzw. Restaurantbedarf – auch So-nachmittags geöffnet.

Navigazione Laghi

Straßenbau an der steilen Felsküste des Lago Maggiore war und ist schwierig und teuer – so begann die Personenschifffahrt auf dem See früh und ihre Bedeutung reicht bis lange in die automobile Zeit. Schon 1826 wurde mit dem dampfge-

Auf der Autofähre Verbania – Laveno

triebenen Holzschiff «Verbano» ein schneller Linienverkehr zwischen Magadino und Sesto Calende aufgenommen. Für die 66 Kilometer zwischen der nördlichen und der südlichen Seespitze brauchte das Schiff jeweils einen ganzen Tag. Ab 1842 verkehrte dann das erste Personenschiff mit

Eisenrumpf (und 32 PS Dampfmaschine), 1876 wurde die »Verbano 3« in Dienst gestellt, schon mit 500 PS und einer Kapazität von 600 Passagieren.

Bereits gegen Ende des 19. Jahrhunderts legten pro Tag mehr als ein Dutzend Linienschiffe im Hafen von Laveno an, die Zeit vor Beginn des ersten Weltkriegs war eine der erfolgreichsten Phasen der Lago Maggiore Schiffahrt: Sogenannte „Salondampfer", alle mit geräumigen 1. Klasse Decks, wurden in Dienst gestellt. An Land sorgten kunstvoll gestaltete (teils bis heute erhaltene) Jugendstilhallen für Schutz vor Wetter und standesgemäßes Warten.

»Piemonte« heißt der letzte mit Dampf betriebene Schaufelraddampfer der modernen Lago Maggiore Flotte. 500 Passagiere passen auf den eleganten, gut 50 Meter langen Seitenraddampfer, der bereits 1904 in Dienst gestellt wurde (gebaut von Escher Wyss, Zürich). Seine Dampfmaschine leistet 400 PS, die maximale Geschwindigkeit beträgt knapp 22 km/h, das rundum verglaste Restaurant hat 150 Sitzplät

Kurs auf Cannobio

ze, auf den Decks sind weitere 120 Sitzplätze. Ansonsten gehören heute zur *Navigazione sul Lago Maggiore* mit Basis und Werft in Arona: Sieben Autofähren (Verkehr zwischen Laveno und Verbania Intra), 13 Motorschiffe mit einer Kapazität zwischen 280 und 840 Passagieren, drei Motorbote (90 Passagiere), sechs schnelle Tragflügelboote (180 bis 450 Passagiere) und ein Catamaran für 150 Passagiere.

Die meisten Fahrten auf dem zweitgrößten See Italiens (Nr. 1 ist der Gardasee) gibt es von März bis Ende Oktober. Neben den Linienverbindungen werden in der Saison noch zahlreiche Sonderrouten gefahren, von der schnellen Punkt zu Punkt Verbindung mit dem Tragflügelboot bis zur gemütlichen Tagesfahrt mit dem großen Motordampfer. Eine der reizvollsten und längsten Touren am Lago ist die große Route, die zwischen Arona und Locarno mehrfach die Küste wechselt, mit Halts in: *Angera, Stresa, Verbania, Luino, Cannobio Brissago* und *Ascona* (im Sommer tägl. außer Mittwoch; Fahrpläne an jeder Anlegstelle, www.navlahi.it).

Agriturismo

«Agriturismo» steht für *Landwirtschaft mit Landgasthof*, für eine einfache, authentisch-bodenständige Bewirtung mit eigenen Regionalprodukten – einige Agriturismi bieten auch Gästezimmer an. Der Agriturismus in Italien ist eine Erfolgsgeschichte, sicher auch wegen der mit dem Euro spürbar gestiegenen Gastronomie- und Pensionspreise. Meist wird ein komplettes Menü (mit vier und mehr Gängen, incl. Wasser und offenem Wein) zu Preisen um 25 Euro angeboten, ein Niveau, das am Lago kein Restaurant mehr bieten kann.

Zur klassischen Agriturismo-Zeit, besonders am Sonntagmittag, sind oft alle Plätze besetzt. Mitunter wird ohnehin

Bergvesper – auf der Fattoria del Roccolo bei Dumenza

nur an Wochenenden gewirtet, mitunter wird auch nur nach Voranmeldung gekocht; die Anfahrt auf gut Glück ist also riskant. Einige besonders lohnende Agriturismi und ihre Eigenarten sind im Buch beschrieben:

Il Monterosso – **Intra-Pallanza** 204

Al Motto – **Cambiasca, Fraz. Comero** 206

Paü – **Luino** 244

Fattoria del Roccolo – **Dumenza** 247

Bone' – **Caldana di Còcquio** 278

La Rocca – **Angera** 296

Mit besonders fetter Blüte – Magnolia Grandiflora

Blütezeit

Jan., Febr.	*Winterkamelien, Calycanthus, Hamamelis, Winterblumen*
März	*Kamelien* und *Magnolien*
April	*Kamelien, Magnolien, Rhododendren* und *Azaleen*
Mai	Spätblühende *Magnolien, Päonien, Azaleen, Rhododendren* und *Cornus* (Blumenhartriegel)
Juni	letzte *Azaleen, Magnolia Grandiflora (immergrüne Sorten), Rhododendren, Cornus*
Herbst	*Herbst-* und *Winterkamelien, Zitruspflanzen, Herbstblumen*

Die vorwitzig früh blühende Kamelie ist zur Ikone südlicher Befindlichkeit geworden, besonders nach einem langen Schneewinter:

„Die roten sind wie das laute, begehrende Ja des Tages, die weißen wie das stille fromme Amen des Abends zu schauen. Aber da ist auch das schwere, süße Düften von Mimosen über den Wegen."

Der Wahltessiner Kamelienkavalier HERMANN AELLEN hat in seinen »Tessiner Novelletten« schon 1926 die Sehnsüchte von Frostmüden üppig betextet. Hinsichtlich der touristenanziehenden Wirkung der Kamelie bestehen seither keine Zweifel.

Der EISENHUT-Park bei *CH-Gambarogno* ist für seine umfassende Kamelien-Sammlung mit 600 Arten international bekannt. Ebenso der *Parco Delle Camelie.* Die alljährliche Kamelienausstellung finden Ende März statt. Näheres unter: www.parcobotanico.ch bzw. www.camelia.ch

→ **Kamelienliebhaber:** Lassen Sie sich keine „winterharten" Kamelien verkaufen! Nördlich der Alpen sind Kamelien nicht winterhart. Als Zimmerpflanzen für geheizte Räume eignen sich Kamelien auch nicht, während der Blütezeit sind Temperaturen über 16 °C tabu – ideal also für ungeheizte Wintergärten.

Im Text beschriebene Parks

Parco Delle Camelie Locarno S. 106 – www.camelia.ch

Parco Botanico del Gambarogno S. 232 – www.parcobotanico.ch

Parco Burcina, Pollone S. 322 – www.parcoburcina.piemonte.it

Giardini Botanici di Villa Taranto S. 196 – www.villataranto.it

Besondere Hotels und Restaurants

Besondere Oasen sind im Text durch ein Symbol markiert. Die Auswahl der Adressen ist weder systematisch, noch zufällig. Entscheidend bei der Auswahl waren nicht allein Kulinarische- oder Komfortkriterien, sondern ein Gesamteindruck aus Küche, Gastfreundschaft und Betriebsablauf – in Relation zur *Klasse* des Hauses. Reihenfolge ohne Wertung, nach der Position im Buch:

Alpentäler und Westküste

Besondere Einkehren und Hotels: Ostküste und Hinterland

♠ Das grüne Symbol im Adressenabsatz weist lediglich auf eine Gartenterrasse hin (kein besonderes Prädikat).

Einkaufen (Reihenfolge wie im Buch)

Wochenmärkte

Di	*Laveno, Arona* (8-12.30 Uhr)
Mi	*Luino; (8-17 Uhr), Sesto Calende (8-13 Uhr)*
Do	*Omegna* (8-15.30 Uhr)
Fr	*Stresa, Cànnero, Pallanza* (8-13 Uhr)
Sa	*Intra* (8-17 Uhr)
So	*Cannobio* (8-13 Uhr)

Eine Kaschmirreise im Piemont

Colombo – Romagnano Sesia 318

Loro Piana – Romagnano Sesia 314

Oasi Zegna – Trivero 320

Piacenza Spa – Pollone/Biella 323

The Place / Luxury Outlet – Sandigliano 325

Alphabetisches Verzeichnis der Orte, Hotels und Restaurants: 347-353 ▶

Orte

A MACCAGNO
M. C. 1 ½

MONTI DI PINO
LAGO DELIO
BERSONA

Hotels und Restaurants

Alle Angaben in diesem Buch wurden vom Autor nach bestem Wissen erstellt und von ihm und dem Verlag mit größtmöglicher Sorgfalt geprüft. Inhaltliche Fehler sind dennoch – wie wir im Sinne des Produkthaftungsrechtes betonen – nicht vollständig auszuschließen. Daher erfolgen alle Angaben ohne jede Garantie des Verlags und des

Autors. Der Autor übernimmt keine Verantwortung und Haftung für etwaige Unstimmigkeiten.

Verlag und Autor freuen sich jederzeit über Anregungen, Tips und Korrekturhinweise!

Alle Fotos: Wolfgang Abel • Cornelia Stauch

Oase Verlag
D-79410 Badenweiler
Tel. 07632-7460
www.oaseverlag.de

Herstellung:
fgb, Freiburger Graphische Betriebe

ISBN 978-3-88922-074-5